凝聚隧道及地下工程领域的
先进理论方法、突破性科研成果、前沿关键技术，
记录中国隧道及地下工程修建技术的创新、进步和发展。

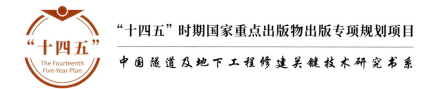

"十四五"时期国家重点出版物出版专项规划项目

中国隧道及地下工程修建关键技术研究书系

地铁钢纤维混凝土盾构管片结构试验及可靠性研究

吴礼程 雷江松 陈湘生 崔宏志 等 著

EXPERIMENTAL AND RELIABILITY STUDY ON
THE STEEL FIBER REINFORCED CONCRETE
SHIELD TUNNEL SEGMENT OF SUBWAY

人民交通出版社

北京

内 容 提 要

本书基于对钢纤维混凝土抗弯机理的分析，构建了钢纤维混凝土管片力学本构模型以及与数值模拟结合的分析体系，可指导不同类型的钢纤维混凝土管片在工程上的应用。通过建立考虑钢纤维影响的损伤本构模型，对不同钢纤维掺量的混凝土梁构件进行抗弯试验，采用 ABAQUS 数值分析软件基于损伤模型分析钢纤维混凝土梁构件的抗弯性能、无筋钢纤维混凝土管片及其连接结构的抗弯性能，以及顶推工况下管片的承载性能，并结合深圳地铁实际案例分析了适筋、减筋与无筋钢纤维混凝土管片的抗弯性能和应用成本。

本书可供从事轨道交通区间盾构工程相关力学性能研究、工程设计、施工等工作的技术人员阅读使用，也可作为相关专业高校师生参考用书。

图书在版编目（CIP）数据

地铁钢纤维混凝土盾构管片结构试验及可靠性研究 / 吴礼程等著. — 北京：人民交通出版社股份有限公司，2024.11. — ISBN 978-7-114-19736-9

Ⅰ.U459.1

中国国家版本馆 CIP 数据核字第 202407E2B9 号

中国隧道及地下工程修建关键技术研究书系
Ditie Gangxianwei Hunningtu Dungou Guanpian Jiegou Shiyan ji Kekaoxing Yanjiu

书　　名：	地铁钢纤维混凝土盾构管片结构试验及可靠性研究
著　作　者：	吴礼程　雷江松　陈湘生　崔宏志　等
责任编辑：	张　晓
责任校对：	赵媛媛
责任印制：	刘高彤
出版发行：	人民交通出版社
地　　址：	（100011）北京市朝阳区安定门外外馆斜街 3 号
网　　址：	http://www.ccpcl.com.cn
销售电话：	（010）85285857
总　经　销：	人民交通出版社发行部
经　　销：	各地新华书店
印　　刷：	北京博海升彩色印刷有限公司
开　　本：	787×1092　1/16
印　　张：	12.5
字　　数：	276 千
版　　次：	2024 年 11 月　第 1 版
印　　次：	2024 年 11 月　第 1 次印刷
书　　号：	ISBN 978-7-114-19736-9
定　　价：	92.00 元

（有印刷、装订质量问题的图书，由本社负责调换）

前言

钢纤维混凝土管片是一种用于盾构隧道的新型管片。与传统的混凝土管片相比，钢纤维混凝土管片具有更好的力学性能和耐久性能，可明显提高抗剪、抗拉强度，特别是开裂后的抗拉强度，同时还具有良好的耐腐蚀性能。而且钢纤维混凝土管片的应用可降低工程造价，有着优越的经济效益和社会效益，符合绿色低碳的建设需求。

自20世纪90年代起，国际上便开始了钢纤维混凝土管片的应用，并积累了众多成功的案例，同时构建了较为完善的标准体系。国内对钢纤维混凝土管片的应用起步较晚，多为试验性应用，相关标准还有待完善。本书依托深圳市地铁集团有限公司立项的"隧道钢纤维混凝土管片技术及应用研究"项目，对钢纤维混凝土管片开展了系统研究，并将研究成果汇集成书。

本书主要内容如下：第1章为绪论，主要介绍了钢纤维混凝土管片的研究背景及国内外研究现状；第2章为钢纤维混凝土弹塑性损伤本构模型，主要介绍了基于Willam-Warnke五参数模型的钢纤维混凝土本构模型并进行了建模验证；第3章为钢纤维混凝土构件抗弯试验，主要介绍了钢纤维混凝土构件的弯曲试验，并对弯曲过程进行了分析；第4章为应用损伤模型分析钢纤维混凝土抗弯性能，主要介绍了根据试验结果使用ABAQUS数值软件验证钢纤维混凝土损伤本构模型的可靠性；第5章为无筋钢纤维混凝土盾构管片抗弯性能，主要介绍了使用基于钢纤维混凝土损伤本构模型的数值软件验算无筋钢纤维混凝土盾构管片标准块抗弯、接头抗弯及顶推工况受力分析；第6章为钢纤维混凝土管片应用案例分析，主要介绍了基于深圳地铁应用案例分析不同类型钢纤维混凝土管片的性能与成本。

　　本书由吴礼程、雷江松、陈湘生、崔宏志等编写。本书编写过程中得到了深圳市地铁集团有限公司工程技术中心的大力支持，以及王雪涛、李德明、贾永刚、邓一三、唐文波、龚贵清、甘腾飞、王涛等人的帮助，在此致以衷心的谢意。

　　由于作者水平有限，书中难免存在疏漏与不当之处，恳请读者批评指正。

作　者
2024 年 07 月

目录

第1章　绪论 ···1
1.1　研究背景和意义 ··3
1.2　钢纤维混凝土管片应用现状 ··5
1.3　国内外研究现状 ··6
1.4　本书主要内容 ···19

第2章　钢纤维混凝土弹塑性损伤本构模型 ·······························21
2.1　引言 ···23
2.2　弹塑性损伤本构模型的建立 ··24
2.3　模型验证 ···30
2.4　结论 ···38

第3章　钢纤维混凝土构件抗弯试验 ···39
3.1　引言 ···41
3.2　试验准备 ···42
3.3　四点弯曲试验 ···43
3.4　三点弯曲试验 ···49
3.5　端钩型钢纤维高强混凝土弯曲过程分析 ································57
3.6　结论 ···60

第4章　应用损伤模型分析钢纤维混凝土抗弯性能 …… 63

    4.1　引言 …… 65

    4.2　损伤模型优化及拉压本构关系 …… 65

    4.3　数值分析与验证 …… 68

    4.4　结论 …… 84

第5章　无筋钢纤维混凝土盾构管片抗弯性能 …… 85

    5.1　引言 …… 87

    5.2　管片类型选取 …… 87

    5.3　管片标准块抗弯分析 …… 88

    5.4　管片接头抗弯分析 …… 118

    5.5　管片顶推工况受力分析 …… 132

    5.6　结论 …… 143

第6章　钢纤维混凝土管片应用案例分析 …… 145

    6.1　引言 …… 147

    6.2　案例一：深圳地铁16号线阿波罗站—阿波罗南站区间 …… 147

    6.3　案例二：深圳地铁8号线三期试车线 …… 164

    6.4　钢纤维混凝土管片经济性分析 …… 178

    6.5　结论 …… 179

参考文献 …… 181

EXPERIMENTAL AND RELIABILITY STUDY ON
THE STEEL FIBER REINFORCED CONCRETE
SHIELD TUNNEL SEGMENT OF SUBWAY

地 铁 钢 纤 维 混 凝 土 盾 构 管 片 结 构 试 验 及 可 靠 性 研 究

第1章
绪 论

1.1 研究背景和意义

近年来，随着我国经济的腾飞，城镇化进程不断加快，特别是东部沿海区域的城镇化率不断提高，城市市区规模越来越大。某些地区城市体制的改变，也使得城市规模、面积增大，从而导致了对城市轨道交通的需求增加。根据中国城市轨道交通协会统计，截至 2023 年底，国内共有 59 个城市开通运营城市轨道交通线路累计达 11224.54km，其中，地铁运营线路 8543.11km，占比 76.11%，其他制式城轨交通运营线路 2681.43km，占比 23.89%。2023 年共计新增城轨交通运营线路长度 866.65km，共计新增运营线路 16 条。"十四五"时期已新增运营路线长度超过"十三五"时期新增运营线路的一半，未来城市轨道交通仍有较大发展空间。

总体看来，中国城市轨道交通建设呈现多元化发展趋势。以深圳的地铁建设需求为例，2022 年深圳市提出的《深圳市城市轨道交通第五期建设规划（2023—2028 年）》包含 13 个建设项目，规模约 226.8km，具体线路为深圳地铁 15 号线、17 号线一期、18 号线一期、19 号线一期、20 号线二期、21 号线一期、22 号线一期、25 号线一期、27 号线一期、29 号线一期、32 号线一期、10 号线东延（深圳段）、11 号线北延（深圳段）。随着管理规范化，我国城市地铁建设进入了合理、规范、有序的新阶段。

在我国城市地铁建设采用的诸多隧道施工方法中，盾构法因其具有安全、快捷、防水效果好、对环境影响小等优势，得到越来越广泛的应用。此外，城市管道工程、高速铁路、西气东输、南水北调等工程中也有大量隧道采用盾构法施工。其中，盾构管片是盾构法施工隧道的承重主体，由于隧道的设计寿命为 100 年，在地层条件较为复杂的情况下，对盾构管片的承载能力、耐久性、抗裂防渗以及安全性要求较高，它决定了整个隧道的安全性和使用寿命。目前，盾构隧道中最常用的管片为普通钢筋混凝土管片。随着盾构法应用越来越多，普通钢筋混凝土管片存在的诸多弊端也逐渐显露，尤其是当前对轨道交通结构耐久性要求的提高，管片因各种原因产生的裂缝对耐久性的潜在影响不容忽视。

盾构隧道衬砌中管片的配筋设计通常由裂缝宽度控制，为了满足设计允许的裂缝宽度，管片需要配置比承载力需要大得多的钢筋用量。根据管片大小和荷载情况，目前国外管片的配筋量一般为 60~100kg/m³，而国内管片的配筋量一般为 130~240kg/m³。正是由于配筋量偏高，使得管片较为笨重，给制作、转运、拼装等环节都带来困难，最终管片在设计和施工环节存在的问题均会反映在管片开裂破损的结果上。工程经验也证实，钢筋混凝土管片应用效果虽然良好，但钢筋笼对于管片整体防护能力不足，易在管片的制作、运输、安装和运营过程中发生混凝土破损和开裂等问题，如图 1-1 所示。其后果将对隧道的安全性和耐久性产生不利影响。

混凝土开裂一般是由荷载因素和非荷载因素造成的内部缺陷和微裂缝，然后在外部荷载作用下，内部缺陷和微裂缝相互贯穿形成宏观裂缝，最终导致开裂。钢纤维混凝土

(Steel Fiber Reinforced Concrete，SFRC）是在普通混凝土内掺入一定量的钢纤维并搅拌均匀，使之形成可浇筑、可喷射成型的一种新型复合材料。由于钢材的弹性模量和力学性能要远高于混凝土，贯穿微裂缝的钢纤维在微裂缝形成和扩展时，可凭借钢纤维与混凝土的黏结性能或是特定形状钢纤维的端部锚固作用，对微裂缝形成拉伸约束，限制了裂缝扩展，从而起到抗裂作用，并且可提高钢纤维混凝土的承载能力、能量吸收能力，以及抗裂能力。同时，均匀分布的钢纤维可协同作用，能够起到整体防护效果，具有改善混凝土内应力集中并提升结构应力重分布的能力。研究表明，钢筋和钢纤维搭配使用，可在增加钢筋间距并减少钢筋用量的情况下不降低混凝土构件的承载能力和抗裂性能，同时，添加钢纤维可显著提升混凝土的抗冲击性能。

a) 管片制作时的表面收缩裂缝

b) 拼装引起的掉块

c) 拼装造成的开裂

d) 运输过程中的掉块

图 1-1　管片破损现象

相较于普通混凝土，钢纤维混凝土具有强度高、耐久性好等方面的优势，可明显提高抗剪、抗拉强度，特别是裂后的抗拉强度，故对提高抗千斤顶推力、减少施工裂缝、提高各极限状态的承载能力具有明显的优势；若同时加入聚丙烯等合成纤维可明显提高耐久性能，如抗渗、抗碳化、耐磨、抗冲击性能等，并约束混凝土表面裂缝的萌生与开展，可明显延长使用寿命，减少使用寿命期内的维修费用，并改善使用环境。

因此，为改善普通混凝土管片脆性等缺点，提高混凝土管片的使用经济效益，在传统的混凝土中掺入乱向分布且弹性模量较高的钢纤维或复合纤维，已经成为当前解决上述混凝土缺陷的重要途径。

1.2 钢纤维混凝土管片应用现状

国内外已针对在地铁盾构管片中采用钢纤维混凝土开展了诸多研究与实践，并积累了很多成功经验（表1-1）。20世纪90年代，英国希思罗机场（Heathrow Airport）隧道、法国巴黎东西铁路快线（EOLE）隧道、法国巴黎地铁美迪奥（METEOR）隧道、德国埃森（ESSEN）地铁隧道、南非莱索托（Lesotho）输水管道、荷兰公路（Second Heinenoord）隧道等工程中率先应用了钢纤维混凝土管片。2000年，厄瓜多尔在马纳比输水隧道（Trasvases Manabi）工程中使用了钢纤维混凝土预制管片，隧道长11.4km，直径4m。2001年开工的英国海峡隧道铁路联络线（Channel Tunnel Rail Link，CTRL）二期工程中采用了钢纤维混凝土预制管片作为衬砌材料。马来西亚、多哈等国也有大量应用无筋钢纤维混凝土管片的实例。英国至法国海底隧道延伸段工程中全段使用了混杂纤维混凝土管片。在新加坡地铁3号线——市区延长线C933合同段盾构区间隧道（2.35km长）普通段中，首次使用了不加钢筋的钢纤维混凝土管片，仅仅在第一环到始发井和通过冲积砂层段使用了钢筋钢纤维混凝土管片。

国外钢纤维混凝土管片应用统计　　　　表1-1

应用工程	年份	管片尺寸	管片配筋情况	应用长度
英国Heathrow机场隧道	1994年	内径4.5m，宽1.0m，厚0.15m	构造配筋 + 钢纤维30kg/m³	1.4km
法国巴黎东西铁路快线隧道	1992—1998年	内径6.4m，宽1.4m，厚0.35m	钢筋83kg/m³ + 钢纤维30kg/m³	1.4km
巴黎地铁METEOR隧道	1993—1995年	内径7.5m，宽1.6m，厚0.4m	钢筋83kg/m³ + 钢纤维60kg/m³	4.5km
德国ESSEN地铁隧道	1990—1996年	内径7.27m，宽1.5m，厚0.4m	钢筋85kg/m³ + 钢纤维60kg/m³	100m
南非Lesotho输水管道	1992年	直径4m	35～60kg/m³	11.4km
荷兰Second Heinenoord隧道	1998年	直径8.3m	不详	16环
吉隆坡地铁UG2标	不详	内径5.8m，宽1.4m，厚0.275m	钢筋60kg/m³ + 钢纤维40kg/m³；纯钢纤维	3.2km
巴萨罗那地铁9号线	2002年	内径10.9m，宽1.8m，厚0.35m	46kg/m³ 钢筋 + 25kg/m³ 钢纤维；97kg/m³ 钢筋 + 25kg/m³ 钢纤维；60kg/m³ 钢纤维	3km
新加坡地铁3号线C933合同段	2012年	不详	纯钢纤维管片 + 复合钢筋钢纤维管片	2.35km
新西兰霍克斯（Hobson）海湾市政排水隧道	不详	内径3.7m，宽1.2m，厚0.25m	40kg/m³ 钢纤维	3km

国内在隧道中使用钢纤维混凝土方面起步较晚。目前，北京、广州、南京、上海等

城市已在盾构区间管片及地铁车站主体结构中添加了钢纤维和合成纤维（表1-2），有效地控制了裂缝数量、裂缝宽度，达到了预期抗裂防渗效果。上海地铁14号线（M6线）是国内最早应用钢纤维混凝土（CF55）管片的地铁线路，较大幅度地提高了管片的局部抗压承载力。常州地铁1号线一期工程南段科教城南站—科教城北站区间、上海地铁9号线一期工程九亭站—七宝站区间、武汉地铁1号线一期工程等也相应使用了钢筋钢纤维混凝土盾构管片。2006年，基于西南交通大学等单位的研究成果，北京地铁10号线北土城东路站—芍药居站区间开展了钢纤维混凝土管片试验段研究。

国内钢纤维混凝土管片应用统计 表1-2

应用工程	年份	管片尺寸	管片配筋情况	应用长度
上海地铁14号线（M6线）试验段	2004年	内径5.5m，宽1.0m，厚0.35m	钢纤维50kg/m³ + 聚丙烯纤维1kg/m³	48环
北京地铁10号线试验段	2006年	内径5.4m，宽1.2m，厚0.3m	主筋8ϕ14mm，配筋量83kg/m³；钢纤维35kg/m³	不详
深圳地铁7号线试验段	2015年	内径5.4m，宽1.5m，厚0.3m	钢纤维45kg/m³	15环
广州地铁21号线试验段	2016年	内径5.4m，宽1.5m，厚0.3m	辅助筋减少60%；主筋减少20%；钢纤维55kg/m³	不详
沈阳地铁试验段	2017年	内径5.4m，宽1.2m，厚0.3m	主筋8ϕ12mm + 钢纤维35kg/m³；钢纤维40kg/m³	不详
青岛地铁试验段	2019年	内径5.4m，宽1.5m，厚0.3m	主筋8ϕ16mm + 钢纤维30kg/m³；钢纤维40kg/m³ + 构造筋	100环 + 180环

1.3 国内外研究现状

1.3.1 钢纤维混凝土研究现状

将钢纤维均匀地掺入混凝土中以增强混凝土性能的设想，最早是由美国学者Porter于1911年提出的。同年，美国学者Graham在普通钢筋混凝土中掺入了钢纤维，并通过研究得出了钢筋钢纤维混凝土的强度及稳定性得以提高的机理。随后，众多研究人员开始对钢纤维增强混凝土进行试验研究，美国、英国、法国及德国等先后提交了许多关于使用钢纤维补强混凝土结构方面的专利。直到1963年Romualdi和Batson提出了关于纤维混凝土的增强理论后，钢纤维混凝土的研究和应用才有了较快的发展。

（1）钢纤维拉拔性能

与钢筋相似，钢纤维与混凝土有着近似相同的线膨胀系数，不会因温度变化产生过大的钢纤维与混凝土基材间的温度应力，并且钢纤维与混凝土有着良好的黏结性能。在钢纤维混凝土发生开裂时,外形最为简单的平直钢纤维仅依靠钢纤维与混凝土间的黏结力提供拉伸桥接作用,但这往往使得钢纤维不能很好地发挥作用。为了使钢纤维更为有效地提供拉伸约束,通过改变钢纤维外形使得钢纤维在具备和混凝土间黏结力的同时,还可以拥有局部锚固作用,从而使钢纤维的拉伸性能可以得到充分发挥。

大量学者对钢纤维在混凝土基体中的黏结滑移进行了试验研究,并提出了很多不同的计算模型。钢纤维和混凝土基体的黏结机理主要包括以下三部分:纤维与基体间由于胶凝体黏结作用而形成的化学黏结力作用;纤维在基体中发生滑移时由于基体的压力作用产生的摩擦力作用;异形或压痕纤维表面不平整,端部异形或端部锚固作用产生的机械咬合力作用。

Cunha 的研究给出了平直型钢纤维和端钩型钢纤维的拔出过程曲线,如图 1-2 和图 1-3 所示。由图中曲线和拔出过程可以看出,平直型钢纤维和端部弯钩型钢纤维在脱黏前与基体的黏结作用主要为化学黏结力。

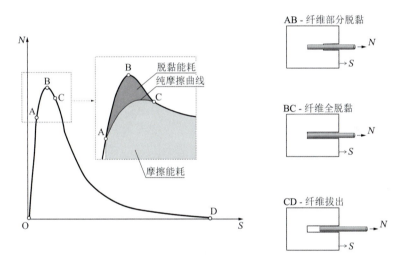

图 1-2　平直纤维的拉拔过程分析

N-拉拔力;S-滑移量

从图 1-2 中可以看出,平直型钢纤维拔出过程分为 4 个阶段:

(OA)纤维未脱黏阶段:主要受到纤维与混凝土基体的黏结力作用,该阶段受力小于脱黏的阈值,纤维拔出量与力呈线性关系。

(AB)纤维初始脱黏阶段:该阶段纤维受到黏结力与摩擦力共同作用,此时与拉伸侧较近的纤维与基体界面开始局部脱黏。

(BC)纤维完全脱黏阶段:该阶段纤维依然受到黏结力与摩擦力共同作用,此时摩擦力逐渐增加,黏结力逐渐减弱直至完全丧失黏结力。

(CD)纤维脱黏拔出阶段:该阶段纤维仅受到摩擦力作用,纤维在基体中出现滑移直至被拔出。

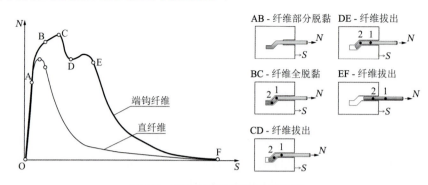

图 1-3 端钩纤维的拉拔过程分析

N-拉拔力；S-滑移量

在图 1-3 中，端钩型钢纤维端部弯钩的存在使其在拔出过程中必须承担端部弯钩引起的机械咬合力作用，同时由于滑移过程中存在两个弯曲孔道，端部弯钩除了在拔出过程中被拉直以外，在基体孔道中还将产生弯曲变形。因此可将端钩型纤维的拔出过程分为 6 个阶段：

（OA）纤维未脱黏阶段：主要受到纤维与混凝土基体的黏结力作用，该阶段受力小于脱黏的阈值，纤维拔出量与力呈线性关系。

（AB）纤维初始脱黏阶段：该阶段纤维受到黏结力与摩擦力共同作用，此时与拉伸侧较近的纤维与基体界面开始局部脱黏。

（BC）纤维完全脱黏阶段：该阶段纤维受到黏结力、摩擦力以及端钩咬合力共同作用，此时摩擦力逐渐增加，黏结力逐渐减弱直至完全丧失黏结力。

（CD）纤维滑移阶段Ⅰ：该阶段纤维受到摩擦力以及端钩咬合力共同作用，纤维两个弯钩逐渐拉离原来的位置，两弯钩被拉直，而两弯钩之间位置以及第二个弯钩后端依次被拉弯，此时具有较强的机械咬合力，直至纤维末端拉至第二个弯钩的初始位置。

（DE）纤维滑移阶段Ⅱ：该阶段纤维受到摩擦力以及端钩咬合力共同作用，拉伸滑移纤维仅在第一个弯钩初始位置处有机械咬合作用，直至纤维末端拉至第一个弯钩的初始位置，端钩咬合力完全丧失。

（EF）纤维滑移阶段Ⅲ：该阶段纤维仅受到摩擦力作用，纤维在平直通道中逐渐被拔出。

Laranjeira 等的研究也得出了与 Cunha 相似的结论。

（2）钢纤维混凝土拉伸性能

拉伸性能是混凝土的主要力学指标之一，由于钢纤维与混凝土间的黏结力、摩擦力以及咬合力的相互作用，钢纤维混凝土的抗拉强度以及残余抗拉强度具有显著的增强。

在大量钢纤维混凝土拉伸试验所得的应力-应变曲线中，均有发现两次峰值强度的情况。霍琳颖等采用黏结滑移模型考虑纤维在混凝土开裂面上的桥接作用，确定了钢纤维轴向应力与裂缝宽度之间的关系，并将钢纤维混凝土开裂后基体的软化模量与纤维增强作用的切线模量之和作为判断第二峰值的依据。该值始终为非负时，钢纤维混凝土的应力-应变曲线具有唯一峰值强度；否则，应力-应变曲线中将具有二次峰值强度。霍琳颖等还提出了钢纤维混凝土峰值强度的三种可能情况，如图1-4所示。

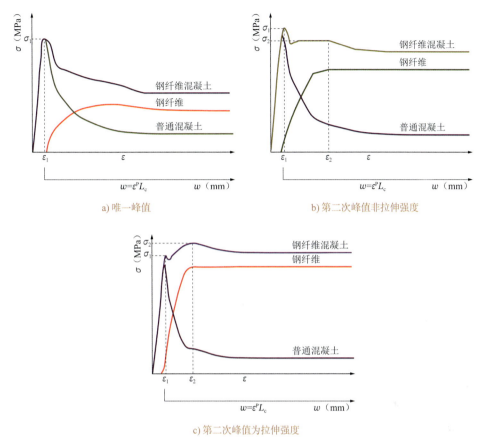

图1-4 钢纤维混凝土单轴拉伸应力-应变曲线的三种情况

σ_1-第一峰值应力；ε_1-第一峰值应变；σ_2-第二峰值应力；ε_2-第二峰值应变；ε^p-混凝土塑性应变；w-裂缝宽度；L_c-单元特征长度

（3）钢纤维混凝土压缩性能

单轴压缩性能是水泥基材料重要的力学性能，许多学者对钢纤维混凝土压缩性能进行了大量研究，一般认为，钢纤维的添加并不显著增强钢纤维混凝土的抗压强度，但对钢纤维混凝土的峰后抗压韧性有很大提高作用。

严少华等对钢纤维含量为0%~6%、抗压强度在65~120MPa范围的4种钢纤维高强混凝土进行了单轴压缩全过程试验，根据试验结果给出压缩应力-应变全曲线方程，分析了钢纤维对抗压强度、弹性模量、韧度、泊松比等的影响，分析表明，当钢纤维长度大于或接近于最大集料尺寸时，钢纤维高强混凝土具有较高的抗压强度和韧度。张晓燕等对钢纤维体积率为0%~2%、裹浆厚度为0.8~1.2mm、强度等级为CF40的钢纤维混凝土进行了单轴压缩全过程测试，分析了纤维掺量和纤维裹浆厚度对钢纤维混凝土轴压强度、应力-应变曲线以及轴压韧性比的影响，结果表明，钢纤维混凝土的轴压强度和韧性比随着纤维体积率的增加而提高，合理的纤维裹浆厚度能够使钢纤维混凝土获得优良的轴压韧性，并基于试验提出了钢纤维混凝土轴压应力-应变曲线计算理论模型。

焦楚杰等对钢纤维体积掺量为 0%～3%、基体强度为 C50 的钢纤维混凝土进行了准静态三种应变率单轴压缩试验，测出了基体混凝土和 SFRC 应力-应变全曲线。试验结果表明：SFRC 抗压强度随着钢纤维掺量的增加仅有小幅度增长，韧性则有较大幅度的增长；SFRC 强度随着应变率增加而提升，而韧性则呈现下降趋势，在应变率相同的情况下，钢纤维掺量越大韧性下降幅度就越小；SFRC 的弹性模量和泊松比均对钢纤维掺量不敏感。刘永胜等对负温钢纤维混凝土进行了单轴压缩试验，分别测得 0℃、−5℃、−10℃、−15℃、−20℃下钢纤维混凝土的应力-应变曲线、杨氏模量、变形模量以及泊松比。试验结果表明：随着温度的下降，材料的极限强度提高，杨氏模量上升，脆性加大。唐海燕等对 4 组不同钢纤维掺量的喷射钢纤维混凝土进行了单轴压缩试验，基于试验曲线得出韧度值，分析了喷射钢纤维混凝土增韧机理和吸收变形能力，分析结果表明，用于支护的钢纤维喷射混凝土具有良好的强度和较好的韧性。姜竹昌等对 MgO-钢纤维混凝土进行了单轴压缩试验，研究其受压应力-应变全曲线，分析不同掺量的 MgO 和钢纤维对混凝土力学性能的影响规律。结果表明：单掺 8%MgO 混凝土的峰值应力比普通混凝土提高了 4.8%，但砂浆孔隙率增加了 6.7%，韧性指数降低了 22.5%；单掺 1%钢纤维后，混凝土性能有了一定程度的增强，强度和韧性指数分别提高了 6.1%和 17.8%；复掺 8%MgO 和 1%钢纤维进一步提高了混凝土性能，能有效避免结构无明显特征的脆性破坏，适用于对混凝土强度和韧性要求较高的结构。倪亮对不同钢纤维掺量、不同混凝土基体强度等级以及钢纤维类型的钢纤维混凝土立方体试件与圆柱体试件进行了轴心受压性能试验，基于试验结果建立了不同类型钢纤维混凝土抗压强度计算公式，并建立了纤维特征参数的峰值应变计算公式，提出了极限压应变和峰值应变相互关系的经验公式，通过残余应力及韧性指数计算模型，对钢纤维混凝土的韧性进行评价，分析了整体韧性最佳的钢纤维混凝土配合比。Fanella 等对掺入不同体积分数的钢纤维、玻璃纤维以及单丝和扭曲聚丙烯纤维的混凝土砂浆在受压下的应力-应变特性进行了研究，经分析表明，纤维起到了约束作用，延迟了裂纹的扩展，增加了峰值应变和峰后延性，据此提出了预测纤维砂浆受压全过程应力-应变曲线的解析关系式，并推导了复合材料的应力-应变曲线关键参数和韧性指数与纤维增强参数之间的解析关系式。Mansur 等对强度在 70～120MPa 的圆柱体和棱柱体高强钢纤维混凝土试件进行了压缩试验，试验考虑了钢纤维掺量以及浇筑方向相对加载方向的关系，试验结果表明，钢纤维改善了峰值强度和应变，但垂直浇筑的试件初始切线弹性系数偏小，与圆柱试件相比，垂直浇筑的棱柱体的峰值应变更高，并具有更好的峰后延性。

（4）钢纤维混凝土抗弯性能

混凝土弯曲试验对试验设备要求简单，且结果稳定可靠，因此国内外多数规范建议采用混凝土弯曲试验，并采取间接法检测混凝土的拉伸性能。弯曲试验主要分为四点弯曲试验和三点开口梁弯曲试验。四点弯曲试验的优势在于混凝土破坏时为纯弯曲破坏，但裂缝开展位置具有不确定性；三点开口梁弯曲试验由于在混凝土梁构件中间预制开口，使得在破坏时裂缝在开口端部开展，具有确定性，便于研究混凝土弯曲开裂过程。

张廷毅等通过对钢纤维高强混凝土切口梁进行了三点弯曲试验，分析了钢纤维掺量对高强混凝土断裂能、断裂韧度的影响。结果表明：随着钢纤维掺量的增大，高强混凝土断裂能、断裂韧度均逐渐增加；并在分析试验结果的基础上，建立了钢纤维掺量与高强混凝土断裂能、断裂韧度间的统计关系式。张井财等认为钢纤维混凝土的裂缝扩展过程可以划分为裂缝不扩展、稳定扩展以及失稳扩展三个阶段，基于素混凝土提出的双K断裂准则仍然适用于钢纤维混凝土，分析了钢纤维混凝土裂缝扩展抗力的来源，并开展了钢纤维混凝土的三点弯曲试验，结果显示其起裂韧度总体增长但不呈线性关系，而失稳韧度与纤维的体积掺量呈近似线性增长关系。陈小锋等对4根加固梁进行了三分点加载方式下的抗弯静力和疲劳试验，研究了钢纤维自应力混凝土叠合层对加固梁的正截面疲劳性能影响，分析了梁的开裂弯矩、跨中挠度、拉区钢筋应变、梁裂缝的发展规律，以及钢纤维自应力加固梁在弯曲重复荷载作用下的疲劳损伤过程。结果表明，钢纤维自应力混凝土叠合层可延缓加固梁的开裂，显著减小裂缝宽度，明显提升梁的疲劳性能。徐平等研究了105根不同钢纤维体积掺量（0%、2%、3%）和缝高比（0.05、0.1、0.15、0.2、0.3、0.4、0.5、0.6、0.7）的几何相似单边切口梁试件，分析了不同钢纤维掺量及试件尺寸对高强混凝土断裂能的影响，得到了不同开口裂缝深度、试件尺寸大小和钢纤维掺量对高强混凝土断裂能的影响规律。结果表明：钢纤维掺量能显著影响高强混凝土断裂能，但随着钢纤维掺量的增加，断裂能增长速度减缓；钢纤维高强混凝土测试断裂能随初始裂缝长度的增加呈线性递减，随试件尺寸的增加呈线性递增，表现出明显的尺寸相关性；钢纤维的掺入可削弱试件缝高比变化对测试断裂能的影响，显著提高混凝土的韧性；基于边界影响模型，揭示了初始裂缝长度、试件尺寸对测试断裂能产生的影响可归结为试件边界对断裂性过程区的影响。高丹盈等对50个尺寸为100m×100mm×515m的钢纤维高强混凝土切口梁进行了三点弯曲试验，研究了钢纤维体积率对高强混凝土有效裂缝长度、断裂韧度和临界裂缝张开位移的影响。结果表明：随着钢纤维体积率的增加，钢纤维高强混凝土断裂韧度增益比基本呈线性增加，临界裂缝尖端和临界裂缝顶端张开位移分别呈指数型增加；有效裂缝长度趋于稳定值，基本不受钢纤维体积率变化的影响。郭艳华等通过对钢纤维混凝土梁试件进行了四点弯曲试验，得到了荷载与裂缝张开位移的关系，基于受力平衡反算钢纤维混凝土开裂后拉应力与裂缝宽度的关系，认为典型的钢纤维混凝土拉伸软化曲线可以用其四个关键点的直线段描述。

刘若愚等对无筋钢纤维混凝土进行了轴压试验、残余弯拉强度试验和压弯梁受力性能试验，对无筋钢纤维混凝土压弯梁的裂缝随荷载变化的发展规律进行了分析。结果表明，偏心距是影响其裂缝发展的一个重要影响因素，偏心距适用范围为0~0.15m；基于平截面假定和复合材料理论，提出了无筋钢纤维混凝土压弯梁极限状态下的裂缝高度计算公式，并对比试验结果进行了验证。Lim等人对钢筋钢纤维混凝土梁在受弯时的变形性能和强度进行了分析和试验研究，基于钢纤维混凝土和钢筋的理想应力-应变关系，推导出了简支梁的弯矩-曲率和荷载-挠度关系的表达式。结果表明，与普通钢筋混凝土梁相比，钢筋钢纤维混凝土梁在极限荷载下的抗弯强度和延性均有所提高；在相同荷载水平下，钢筋钢纤维混凝土梁的变形也小于类似的钢筋混凝土梁。Barros等基于三点弯曲试验结果分析了钢纤维混凝土断裂能与基体混凝土断裂能、纤维体积率之间的关系，并利用轴心抗拉强度、特征长度、断裂能构建了应力-应变曲线。丁一宁通过三点弯曲试验，分析得到了钢纤维混凝土梁跨中挠度与CMOD之间的线性关系表达式。Kang等根据三点弯曲试验，发现高强钢纤维混凝土弯曲抗拉强度与钢纤维体积率呈线性关系，并基于反演数值分析方法，通过多次线性迭代拟合试验荷载-挠度曲线，得到了钢纤维混凝土的应力-裂缝宽度曲线。Köksal等根据三点弯曲试验结果，统计分析了水灰比、钢纤维体积率对钢纤维混凝土断裂能的影响规律。

钢纤维混凝土的抗弯性能主要由其拉、压应力-应变关系共同确定，由于钢纤维压缩应力-应变关系较为明确，所以主要是确定钢纤维混凝土的拉伸应力-应变关系。

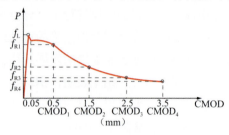

图1-5 RILEM建议的P-CMOD曲线

P-混凝土构件受弯荷载；CMOD-混凝土构件开口位移；f_L-比例极限强度值

RILEM利用P-CMOD曲线（图1-5）上特征点对应的残余弯曲抗拉强度值（$f_{R,i}$）和CMOD值换算得到应力-应变曲线，其中残余弯曲抗拉强度按下式计算：

$$f_{R,i} = \frac{3P_{R,i}S}{2B(D-a_0)^2} \quad (1-1)$$

式中：$P_{R,i}$——P-CMOD曲线上与$CMOD_i$对应的荷载；

S——混凝土构件的跨度；

B——混凝土构件的宽度；

D——混凝土构件的高度；

a_0——混凝土构件的开口高度。

图1-6为RILEM给出的钢纤维混凝土受拉应力-应变关系，在达到峰值前为弹性关系（由f_t、ε_0和E_{sfrc}确定），在峰后假设为双折线（由σ_2、ε_2、σ_3、ε_3确定）。图1-6中，应力σ_i和应变ε_i的计算如下：

$$\sigma_2 = 0.45f_{R,1}k, \quad \varepsilon_2 = \varepsilon_1 + 1\times10^{-4} \quad (1-2)$$

$$\sigma_3 = 0.37f_{R,4}k, \quad \varepsilon_3 = 2.5\times10^{-2} \quad (1-3)$$

$$k = 1.0 - 0.6\times\frac{D-125}{475} \quad (1-4)$$

式中：k——尺寸效应系数（$125mm \leqslant D \leqslant 600mm$）；

$\varepsilon_1 = f_t/E_{sfrc}$——拉伸峰值强度对应的拉应变，其中$f_t$为钢纤维混凝土拉伸强度，$E_{sfrc}$为钢纤维混凝土弹性模量。

Fib模型与RLEM模型的方法类似，不同的是二者应力-应变曲线的特征和曲线上特征点的应变值、应力值的规定不同。在fib模型中（图1-7），分别给出了正常使用极限状态与承载能力极限状态所对应的应变值（即ε_{SLS}和ε_{ULS}），对于具有软化行为的钢纤维混凝土，ε_{SLS}按下式计算：

$$\varepsilon_{SLS} = \frac{w_{SLS}}{l_{ch}} \quad (1-5)$$

式中：w_{SLS}——对应正常使用极限状态的裂缝宽度，取值为0.5mm；

l_{ch}——特征长度，对于无配筋的受弯构件取值为截面高度，即$l_{ch} = D - a_0$。

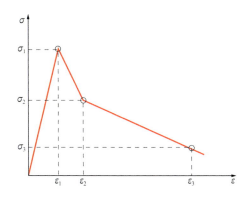

图 1-6 RILEM 建议的 σ-ε 曲线

σ-混凝土构件拉应力；ε-混凝土构件拉应变

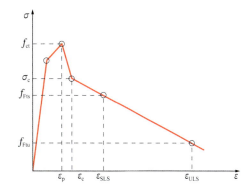

图 1-7 fib 模型的 σ-ε 曲线

σ-混凝土构件拉应力；ε-混凝土构件拉应变；$σ_c$-峰后对应折点处拉应力；$ε_c$-峰后对应折点处拉应变；f_{Fts}-正常使用极限强度；$ε_{SLS}$-正常使用极限应变；f_{Ftu}-承载能力极限状态强度；$ε_{ULS}$-承载能力极限状态应变

峰值应变 $ε_p$ 取值为 1.5×10^{-4}。

相应于 $ε_{SLS}$ 和 $ε_{ULS}$ 的应力值 f_{Fts} 和 f_{Ftu} 分别按下式计算：

$$f_{Fts} = 0.45 f_{R1} \tag{1-6}$$

$$f_{Ftu} = f_{Fts} - \frac{w_{ULS}}{w_U}(f_{Fts} - 0.5 f_{R3} + 0.2 f_{R1}) \geq 0 \tag{1-7}$$

$$w_{ULS} = ε_{ULS} \cdot l_{ch} \tag{1-8}$$

式中，$ε_{ULS} = \min(2\%, 2.5/l_{ch})$，最大裂缝宽度 $w_u = 2.5\text{mm}$。

Meng 等人提出了一种钢纤维混凝土四线性拉伸应力-应变关系模型（图 1-8）用于分析弯曲性能，将四线性拉伸模型分为预裂阶段、瞬间开裂阶段、裂纹扩展阶段和破坏阶段，利用轴向力和弯矩平衡原理，建立了应力-应变关系中各参数的表达式，并进行了试验验证，结果表明，所提出的四线性拉伸应力-应变关系模型可以很好地预测钢纤维混凝土的荷载-挠度关系。

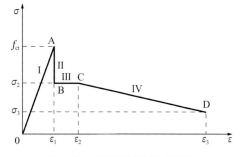

图 1-8 拉伸四折线关系模型

σ-混凝土构件拉应力；ε-混凝土构件拉应变；f_{ct}-混凝土最大拉伸强度

1.3.2 混凝土损伤模型研究现状

混凝土材料在荷载下的内部裂缝开展情况某种程度上决定了其力学性能。在加载过程中，混凝土内部的微裂缝逐渐萌生、扩展并贯通，最终形成贯通的宏观裂缝，这会导致混凝土力学性能的衰减直至破坏，这个过程也可称为损伤过程。损伤力学是研究材料或构件在各种加载条件下损伤随变形而演化发展并最终导致破坏的过程中的力学规律。根据特征尺度和研究方法，损伤理论分为微观、细观和宏观损伤理论。其中，微观、细观损伤理论在实际应用上存在一定难度。而宏观损伤理论基于一些假定，结合连续介质力学和不可逆热力学理论，引入损伤变量描述宏观力学性能，并通过试验获取相应材料参数。由于宏观损伤理论的便利性以及描述材料力学性能的准确性，宏观损伤理论更容易被工程人员所接受。

在连续损伤力学中，材料的应力、应变和损伤，其分布都是用连续场来描述的。早期经典的连续损伤力学认为损伤变量φ一般可以表达为单元截面某种性质的减少，用截面面积的减少来描述为：

$$\varphi = \frac{A - A_{\text{eff}}}{A} \tag{1-9}$$

式中：A——截面总面积；

A_{eff}——损伤后的截面有效面积；

φ——截面损伤变量。

可以定义材料的有效应力$\bar{\sigma}$为：

$$\bar{\sigma} = \frac{\sigma}{1 - \varphi} \tag{1-10}$$

式中：σ——不考虑损伤的名义应力或Cauchy应力；

$\bar{\sigma}$——考虑损伤后的有效应力。

混凝土最典型的性质是其在拉应力和压应力作用下表现出迥异的强度与刚度特性（单边效应）。为了考虑单边效应，Ladevèze最先引入应力张量的正负分解：

$$\sigma = \sigma^+ + \sigma^- \tag{1-11}$$

式中：σ^+——应力的正分解；

σ^-——应力的负分解。

假设由正应力引起受拉损伤，负应力引起受压损伤，在复杂加载时，损伤为受拉损伤和受压损伤的组合。这种损伤变量的表达形式，后来被证明普遍适用于混凝土材料。

Mazars将应变进行正负分解，并在此基础上定义等效单轴应变，最终建立了针对混凝土材料的各向同性损伤模型，根据Lemaitre等提出的等效应力假定，损伤材料的应力-应变关系可以定义为：

$$\sigma = (1 - \varphi)E_0\varepsilon \tag{1-12}$$

式中：E_0——未损伤材料的弹性模量。

自从Kachanov利用上述损伤变量研究金属材料的蠕变损伤以来，从最初的纯粹唯像学描述发展为具有坚实的不可逆热力学和连续介质力学基础，连续损伤力学已经成为固体力学中一门重要的分支。

1）弹性损伤本构模型

在考虑混凝土等准脆性材料的非弹性力学行为方面，连续损伤力学模型可以通过不同的方式来描述材料刚度和强度的退化以及单边效应。出于建模简单起见，早期的混凝土损伤本构关系都假定：混凝土材料卸载后，不存在不可恢复的永久变形，即假定塑性变形$\varepsilon^p = 0$。尽管该假定与试验事实明显不符，但这些弹性损伤模型为连续损伤力学的建立、完善和推广至弹塑性损伤本构关系提供了早期的理论和试验基础。

已经有大量的学者利用弹性损伤力学模型研究了混凝土材料的非线性特性，其中比较典型的弹性损伤本构模型有：

（1）Mazars 各向同性损伤本构模型

该模型可以区分受拉和受压应力作用下非线性行为的不同，但不能反映循环加载期间荷载变号时的刚度恢复；其损伤变量的表达形式后来被证明普遍适用于混凝土材料；分析结果与单轴试验结果吻合较好，但无法反映二维受压应力状态下混凝土强度的提高。

（2）Ladevèze-Mazars 单边损伤本构模型

该模型基于弹性损伤能释放率建立损伤准则，在不考虑塑性变形影响的情况下，是与热力学基本原理相一致的。其应力张量分解为混凝土单边效应的考虑提供了相当好的思路，能够很好地模拟混凝土材料在低反复荷载作用下的刚度恢复；分析结果和单轴试验结果的吻合程度令人满意，在双轴应力状态下其结果较 Mazars 模型好，但仍不能反映强度和延性的提高。

（3）Comi-Perego 拉压损伤模型

该模型能够很好地模拟单调加载条件各种应力状态下混凝土特性，包括双轴受压强度提高、拉压应力强度降低等。然而，该模型完全基于经验，其材料自由能的定义和损伤准则的建立等均不具备热力学基础。

2）弹塑性损伤本构模型

混凝土材料经历循环加载时，通常会存在相当一部分变形不可恢复，而且这种残余应变随变形水平的增大而增加。单纯的弹性损伤本构模型无法描述上述不可恢复变形的影响。由于混凝土的塑性变形是低周反复荷载或者动力荷载作用下影响混凝土结构非线性行为的一个重要因素，因此，要建立适用于各种荷载条件下结构非线性分析的混凝土材料本构模型，应该考虑这种不可恢复变形的影响。

考虑到塑性力学在处理塑性变形问题的先天优越性，越来越多的学者建立了基于损伤力学和塑性力学的耦合模型。在这些基于损伤力学和塑性力学的弹塑性损伤模型中，其共同点是将应变张量ε分解为弹性应变张量ε^e和塑性应变张量ε^p两部分，即$\varepsilon = \varepsilon^e + \varepsilon^p$，并分别利用损伤力学和塑性力学予以求解。

利用塑性力学处理塑性变形有两种方法：①假设损伤仅对材料的弹性特性有影响，在 Cauchy 应力空间利用经典的塑性力学，材料进入软化段后，这种方法涉及屈服面收缩，因此会出现一定的数值收敛和稳定性问题；②在有效应力空间内利用塑性力学基本公式，Ju、Lee-Fenvas 等采用这种方法，由于有效应力是弹性应变的单调递增函数，有效应力空间内屈服面一直处于膨胀状态而不存在收缩，因此采用这种方法可以避免软化段的复杂处理问题。

根据吴建营对弹塑性损伤本构模型的归纳，比较经典的混凝土弹塑性损伤本构模型包括：

(1) Simo-Ju 损伤模型

该模型利用和损伤变量功共轭的损伤能释放率来确定损伤准则，并利用正交法则来建立损伤变量的演化法则，为连续损伤力学的建立奠定了合理的热力学基础。然而，该模型定义的应变余能物理意义不明确，导致其分析结果刚度过大。

(2) Resende 损伤模型

该模型首次提出混凝土材料的损伤主要由受拉损伤机制和受剪损伤机制引起，并在偏量空间和球量空间考虑损伤演化，具有明确的物理意义。然而，其损伤准则和损伤变量的演化法则均从试验结果导出，不具备热力学基础，是纯粹的经验模型。

(3) Faria 等人所建损伤模型

该模型首次提出有效应力张量分解以考虑混凝土的单边效应，较之 Mazars 模型中的应力张量分解，其算法效率更高，模拟预测结果和试验结果吻合也较好。然而，该模型定义的等效应力并基于此确定的损伤准则并不具备 Simo-Ju 模型的热力学基础。

3) 混凝土损伤模型研究现状

对于混凝土类材料，其非线性特征主要有弹塑性、黏性、损伤、断裂等。而损伤对材料的非线性行为起着很大的作用，特别是在受拉情况下，但混凝土在受压情况下，在宏观裂缝形成之前，除了破坏外，还表现出明显的塑性性能。由于损伤和塑性变形对混凝土的非线性行为均具有贡献，因此，单纯地采用弹性-损伤模型来描述混凝土的非线性行为是不够的。

目前，现有的弹塑性损伤本构模型，大多是以热力学为基础，通过连续损伤力学建立相关的热力学势，按照经典塑性力学的方法，用正交流动法则建立热力学基础的损伤演化方程。文献[73]至[84]就是在热力学框架下通过建立耗散势，从而建立了混凝土材料的弹塑性损伤模型。另外，近年来由吴建营等提出并发展起来的统一相场损伤理论，也属于此类模型的范畴。这种方法建立的损伤演化方程符合严密的力学推理，有坚实的理论基础，算法的鲁棒性也较好，而且模型也能较为完整地描述混凝土材料在复杂应力状态下的非线性行为。尽管此类模型的优点很多，但损伤耗散势的建立是一项较为困难的工作，对研究者的力学功底要求较高，而且损伤耗散势的试验验证也有一定的难度。考虑到建立损伤耗散势的难度，一种将基于应变的损伤演化方程和基于有效应力的塑性方程结合起来的弹塑性损伤本构模型受到了一些学者的欢迎，文献[89]至[98]即通过这种方法构建了混凝土类材料的弹塑性损伤本构模型。通过这种方法建立的弹塑性损伤本构模型，不需要通过迭代就可以得到损伤变量的值，这样就简化了非线性计算过程，在数值计算时也能获得稳定的解。但由于考虑各向异性损伤的复杂性，大多研究人员均只采用了一个各向同性的损伤变量。

损伤力学原理亦被用来揭示 SFRC 的力学行为。Jirásek 等建立了标量形式的弹塑性损伤本构关系，利用峰值应变、极限应变和等效应变定义损伤因子。Li 等利用并联弹簧系统反映混凝土基体与钢纤维的桥接作用，以刚度衰减衡量混凝土损伤，以钢纤维拔出长度衡量桥接作用损伤，构建了 SFRC 的损伤本构模型。Mihai 等在开裂面上考虑钢纤维桥接作用，通过钢纤维桥接应力和等效开裂应变来定义钢纤维桥接损伤因子，而用等效应变定义 SFRC 的受拉损伤因子。池寅等提出了纤维混凝土的流动法则与加载面不相关的塑性损伤模型，在加载面函数表达式中考虑了纤维的影响。池寅等利用纤维因子λ_f，对 Lubliner 等提出的混凝土塑性损伤本构模型进行了修正，提出适用于 SFRC 的拉压损伤因子函数表达式。宋玉普等基于内时理论，将纤维体积率特征参数引入损伤变量中，建立了钢纤维混凝土内时本构模型。宁喜亮等提出 SFRC 受压损伤因子服从 Weibull 分布，通过考虑纤维因子的影响建立了 SFRC 受压损伤本构模型。

1.3.3 钢纤维混凝土管片研究现状

刘丰军等通过材料试验，研究了钢纤维和合成纤维混杂下混凝土的抗压性能和高温下的抗爆裂性能，通过对混杂纤维混凝土盾构隧道管片的承载力和裂缝宽度的结构分析，得出一些结构设计方面的建议。宁博通过试验研究了钢纤维和聚丙烯纤维混杂下的混凝土搅拌工艺，以及钢纤维与聚丙烯纤维的加入对混凝土工作性能、力学性能、耐久性能的影响，并结合试验结果对混凝土管片进行了配筋设计。王帅帅等基于我国规范和国际标准中钢筋钢纤维混凝土结构构件设计方法，通过实际算例详细说明了两种规范设计方法的差别，结合国内外研究成果，对我国规范中构件裂缝宽度计算公式进行了改进。王乐明等通过相似模型试验，研究了钢纤维混凝土材料应用于隧道支护结构的力学行为，使用千斤顶逐级加载的方式，得到支护结构整个力学行为过程中与围岩之间的接触压力、变形发展规律及其裂后承载能力，并与传统素混凝土支护结构进行对比，表明钢纤维混凝土具有良好的承载和变形能力，是一种理想的柔性支护材料。

邓纪飞依托武汉地铁 8 号线、11 号线的区间盾构施工工程，开展了钢纤维混凝土性能试验研究，通过 Midas 有限元软件对钢纤维混凝土管片进行了数值模拟，探究了钢纤维混凝土管片在地铁盾构隧道应用的可行性，并对钢纤维混凝土管片进行了设计计算。张帆基于 Model Code 2010 中推荐的 SFRC 本构模型，对盾构管片进行了极限状态下截面的应力-应变分析，提出了新的 SFRC 管片配筋计算方法；开展了 SFRCPS 和 R-SFRCPS 足尺抗弯试验研究，通过对比管片极限承载力理论计算值和试验值验证所提配筋计算方法的正确性；在试验室进行了隧道掘进时的千斤顶集中荷载顶推试验，试验结果表明 SFRCPS 和 R-SFRCPS 均可在盾构掘进设计荷载作用下不发生破坏；同时，使用数值软件对顶推试验进行了模拟研究，探究了影响管片力学响应的因素。蒲奥通过对纤维混凝土管片应用试验研究，证实了钢纤维混凝土管片内力满足设计承载力要求，并有足够的安全储备，明显减少了拼装施工过程中的裂缝；研究结果证实钢纤维混凝土管片抗开裂等安全性能比普通钢筋混凝土管片具有明显的优势，同时也通过实践应用验证了纤维混凝土管片配合比、材料指标、设计强度及设计参数等各项研究成果的正确性。李昭基于沈阳地铁 9 号线一期工程曹仲车辆盾构段，研究了钢纤维混凝土管片的力学性能及其在盾构隧道中的应用，对钢纤维混凝土的增强机理进行了探讨，选取了合适的损伤本构关系；针对不同配比和钢纤维种类进行了力学性能试验，优选了合适的钢纤维种类与掺量；

对钢纤维混凝土管片与梁进行了压弯试验，结果表明，在合理的荷载组合与偏心距下可以应用无筋钢纤维混凝土；对有筋梁的压弯试验表明，钢纤维的添加可以将梁的抗弯能力提高1倍；依据对纯钢纤维梁的试验结果，推导了相关设计计算公式，为钢纤维盾构管片的设计应用提供了指导。

倪坤等应用超高性能混杂纤维（钢纤维与聚丙烯细纤维）混凝土制作盾构管片，对该管片的抗弯性能进行测试，结果表明主筋减少21.4%，分布筋和箍筋减少60%，且厚度减少17%的纤维超高性能混凝土管片（U-HFRC管片）屈服荷载和RC管片接近；在受弯过程中，U-HFRC管片的混凝土承能够担一部分的拉力。闫治国等对钢纤维混凝土管片的力学性能进行了三维数值模拟及现场试验，主要针对千斤顶作用下管片的局部抗压性能以及盾构直线推进及纠偏工况时管片的力学性能进行了研究，研究结果表明：在最大施工荷载作用下，管片局部抗压性能及手孔等应力集中部位均满足设计要求；同时，管片在施工荷载作用下没有裂缝产生，钢纤维混凝土管片抗裂性能较强，钢纤维的加入大大提高了混凝土管片的力学性能，将钢纤维混凝土管片用于地铁隧道工程是可行的。龚琛杰等以盾构隧道钢纤维混凝土管片接头为试验对象，采用足尺试验方法对钢纤维混凝土管片接头和传统钢筋混凝土管片接头的极限承载能力进行研究，归纳宏观破坏现象，获得了荷载挠度曲线和弯矩转角曲线等整体力学响应特性，得到了荷载螺栓应变关系和荷载混凝土表面应变等局部力学响应特性，分析了受压区剪裂缝的扩展规律，探讨了接头的延性指标，并对接头进行了基于性能的极限承载能力评价。徐海岩等用钢筋钢纤维混凝土衬砌管片替代钢筋混凝土衬砌管片，对其偏心受压破坏模式及破坏机理进行了研究，研究表明：减筋钢纤维混凝土衬砌管片比普通钢筋混凝土管片具有更高的承载力及更好的抗裂性能；从承载能力极限状态和正常使用极限状态对钢筋钢纤维混凝土衬砌管片的力学性能进行了评价，同欧洲规范相比，研究团队设计配筋的钢筋钢纤维混凝土衬砌管片承载能力极限状态下安全储备增加，正常使用极限状态下裂缝宽度的安全储备也相应增加，满足承载力及抗裂性要求。

王志杰等通过构件试验及数值试验，得到了钢纤维混凝土裂缝宽度影响系数随裂缝宽度变化的曲线，结合可靠及概率论，通过数据统计分析得到了钢纤维混凝土裂缝宽度影响系数值，研究结果表明：钢纤维能够有效降低混凝土构件裂缝宽度，相对于同一配筋形式下的钢筋混凝土构件，裂缝宽度降低50%以上；通过纯弯梁和偏压柱的构件试验及数值试验，计算得到钢纤维混凝土裂缝宽度影响系数为0.42；裂缝宽度影响系数随构件横截面尺寸的增大而增大，随裂缝宽度的增大而减小。莫海鸿等使用有限元软件ADINA，分别对盾构隧道钢纤维混凝土管片在千斤顶顶力作用下与管片接头在正常运营阶段的开裂荷载、应力分布及裂缝分布进行了三维有限元数值试验。结果表明：掺入钢纤维能有效改善管片表面、手孔和螺栓孔部位的局部力学性能；钢纤维混凝土管片的初裂荷载比普通混凝土管片提高13.3%～22.7%，说明管片的抗裂性能有较大提高。

郑爱元等依托深圳地铁西丽湖站—西丽站区间隧道工程，采用室内试验分析方法，针对海相地层地铁盾构隧道钢纤维混凝土管片开展研究。结果表明：钢纤维对混凝土的各项强度有一定的增强与改善作用；钢纤维的长度及最大粒径粗骨料的合理比率对提高混凝土管片抗折强度十分重要；砂率的变动对拌和料的和易性能产生较大的影响；钢纤维存在一个合理的掺入量；钢纤维的掺入减少了纤维混凝土的微裂缝，孔隙结构得到改善，从而提高了管片的抗渗性能。唐伟等基于某铁路盾构隧道钢筋钢纤维混凝土管片极限状态设计，就钢纤维参数对受力主筋用量的影响进行了研究。研究结果表明：长径比相同的情况下，随着钢纤维掺量的增加，受力主筋用量呈线性趋势减小，在钢纤维掺量相同的条件下，随着长径比的增加，受力主筋用量基本呈线性趋势减小；通过线性回归分析，分别得到钢纤维掺量、长径比与受力主筋减少量的关系表达式，基于钢纤维掺量对受力主筋减少量的表达式，引入影响系数表征钢纤维型号的影响，得出钢纤维参数与受力主筋减少量之间的关系表达式。

通过对钢纤维混凝土研究现状的调研表明，目前能够较准确地考虑钢纤维掺量影响的损伤本构模型较少，相关钢纤维混凝土构件抗弯试验对开裂过程与机理分析不够充分，且对钢纤维混凝土盾构管片的研究缺乏理论支撑。本书主要结合钢纤维混凝土构件弯曲试验，建立考虑钢纤维掺量影响的弹塑性损伤本构模型，使用数值分析软件导入该损伤本构模型，数据验证了该损伤本构模型的适用性，并基于该方法对钢纤维混凝土盾构管片进行数值分析，得到的相关结论对钢纤维混凝土盾构管片在工程上的应用有着一定的指导意义。

1.4　本书主要内容

本书基于已有试验研究建立了考虑钢纤维掺量影响的弹塑性损伤本构模型，并验证了模型的可行性；通过对端钩钢纤维混凝土梁构件进行三点与四点抗弯试验，并应用数字图像相关（Digital Image Correlation，DIC）技术进行检测，研究了不同端钩钢纤维掺量对端钩钢纤维混凝土抗弯性能的影响，并进行了相关分析；应用所建立的弹塑性损伤本构模型对试验的端钩钢纤维混凝土拉压应力-应变关系进行了分析，采用有限元软件ABAQUS建立钢纤维混凝土梁构件的实体模型，并应用混凝土损伤塑性（Concrete Damaged Plasticity，CDP）本构模型，根据所建立的弹塑性损伤本构模型计算结果对端钩钢纤维混凝土梁构件三点及四点弯性能进行了分析，并与试验结果进行了对比；将所建立弹塑性损伤本构模型计算结果导入CDP模型中，使用有限元软件ABAQUS对钢纤维管片的抗弯性能、顶推工况下的力学性能、螺栓对抗弯性能的影响进行了数值分析；结合深圳地铁工程案例分析了适筋、减筋及无筋钢纤维混凝土的抗弯性能以及适用范围，并对其进行了成本分析。

本书结合理论、试验、数值系统分析了钢纤维混凝土材料在弯曲下的损伤力学性能，并对钢纤维混凝土盾构管片损伤弯曲性能进行数值模拟，取得了较可靠的结论，可为钢纤维混凝土在工程上的应用与分析提供一定的借鉴。

EXPERIMENTAL AND RELIABILITY STUDY ON
THE STEEL FIBER REINFORCED CONCRETE
SHIELD TUNNEL SEGMENT OF SUBWAY

地铁钢纤维混凝土盾构管片结构试验及可靠性研究

第 2 章
钢纤维混凝土弹塑性损伤本构模型

2.1 引言

自 1958 年 Kachanov 首次提出连续性因子及有效应力后，经过 Robotnov、Lemaitre 等人的早期研究，逐渐构建出了损伤力学的理论框架。损伤本构模型能够很好地描述材料在荷载作用下由裂纹引起的刚度退化，在研究材料的疲劳损伤、蠕变疲劳损伤、弹性损伤、塑性延性损伤等各方面都得到了广泛而成功的应用。

混凝土在反复荷载作用下会产生不可恢复的塑性变形以及刚度退化的现象，因此一般应用弹塑性理论结合损伤理论来描述混凝土的损伤力学特性。在无损构型下构建弹塑性本构模型，再基于损伤准则确定损伤演化规则，通过等效假定建立无损构型与损伤构型下应力或应变间的联系。一般认为，混凝土在受拉和受压下所表现出的强度与刚度间的关系有着明显的差异。为了考虑混凝土的这种特性，一些学者引入了应力张量的谱分解，将受拉损伤与受压损伤分开考虑。Lubliner、Lee 与 Fenves 应用应力张量的谱分解，在无损构型下对 Drucker-Prage 屈服函数进行了改进，以考虑拉压不同时强度的不同演化规律，Cicekli 等在构建混凝土各向异性损伤模型时也采用了相似的处理方法。

钢纤维混凝土相较于普通混凝土具有强度高和耐久性好等方面的优势，可明显提高抗剪、抗拉强度，特别是裂后残余抗拉强度，满足结构抗裂性能要求，在工程上有着较广泛的应用。国内外对钢纤维混凝土损伤进行了多方面的研究。邓宗才等人通过对钢纤维混凝土进行反复荷载试验，提出了弹塑性损伤模型，用以分析用卸载刚度代替变形模量所带来的问题。刘永胜等人基于负温下钢纤维混凝土单轴压缩试验，建立了考虑温度影响的负温钢纤维混凝土损伤本构方程，还基于钢纤维混凝土的动静态试验，提出了一种考虑钢纤维增强、应变率硬化、损伤软化等因素的损伤本构模型。宁喜亮等人基于 Weibull 统计分布理论和等效应变假设，提出了考虑纤维因子影响的受压损伤本构模型。李长宁通过对钢纤维混凝土进行单调加载和循环加载试验，结合声发射监测，分析了钢纤维混凝土的损伤演化规律并建立了一维损伤模型。Golpasand 等人通过研究得出，再生钢纤维增强混凝土在单轴循环压缩下，损伤随着再生钢纤维的增加而降低。

大多数文献中所建立的钢纤维混凝土损伤模型是基于 Weibull 分布的全量模型，不能模拟复杂加载路径下的应力-应变关系；且在考虑不同钢纤维掺量时，多是对相应掺量试验数据的单独模拟，未能在模型中直接体现钢纤维的影响。本章选用 Willam-Warnke 五参数模型作为屈服函数，采用等效应变假定，基于损伤准则，建立了考虑钢纤维影响的增量形式单轴弹塑性损伤本构模型，模型可在单轴情况下，模拟单调加载、拉伸循环加载、压缩循环加载以及拉压循环加载。本模型可用于对钢纤维混凝土的数值计算中，对工程应用具有一定的参考价值。

2.2 弹塑性损伤本构模型的建立

2.2.1 损伤模型基本假定

在损伤模型中，将应力分为无损构型下的有效应力$\overline{\sigma}_{ij}$和损伤构型下的实际应力σ_{ij}，二者间关系如下：

$$\overline{\sigma}_{ij} = M_{ijkl}\sigma_{kl} \tag{2-1}$$

式中：M_{ijkl}——损伤四阶张量。

通过式(2-1)即可实现应力从无损构型向损伤构型的转换。

选择M_{ijkl}表达式如下：

$$M_{ijkl} = \frac{2}{1-\varphi} \cdot (\delta_{ik}\delta_{jl} + \delta_{il}\delta_{jk}) \tag{2-2}$$

式中：φ——损伤因子标量；

δ_{ij}——Kronecker 张量分量。

根据式(2-1)、式(2-2)可得：

$$\sigma_{ij} = (M^{-1})_{ijkl}\overline{\sigma}_{kl} = \frac{1-\varphi}{2} \cdot (\delta_{ik}\delta_{jl} + \delta_{il}\delta_{jk})\overline{\sigma}_{kl} = (1-\varphi)\overline{\sigma}_{ij} \tag{2-3}$$

应用应变等效假定，则无损构型与损伤构型下的应变关系如下：

$$\overline{\varepsilon}_{ij}^{e} = \varepsilon_{ij}^{e}, \quad \overline{\varepsilon}_{ij}^{p} = \varepsilon_{ij}^{p}, \quad \varepsilon_{ij} = \varepsilon_{ij}^{e} + \varepsilon_{ij}^{p} = \overline{\varepsilon}_{ij}^{e} + \overline{\varepsilon}_{ij}^{p} = \overline{\varepsilon}_{ij} \tag{2-4}$$

$$d\overline{\varepsilon}_{ij}^{e} = d\varepsilon_{ij}^{e}, \quad d\overline{\varepsilon}_{ij}^{p} = d\varepsilon_{ij}^{p}, \quad d\varepsilon_{ij} = d\varepsilon_{ij}^{e} + d\varepsilon_{ij}^{p} = d\overline{\varepsilon}_{ij}^{e} + d\overline{\varepsilon}_{ij}^{p} = d\overline{\varepsilon}_{ij} \tag{2-5}$$

在单轴情况下，应力-弹性应变关系可表示为：

$$\sigma_{11} = (1-\varphi)\overline{\sigma}_{11} = (1-\varphi)\overline{E}_0\varepsilon_{11}^{e} = (1-\varphi)\overline{E}_0(\varepsilon_{11} - \varepsilon_{11}^{p}) \tag{2-6}$$

式中：$\overline{E}_0$——无损构型下的弹性模量。

从式(2-6)中可得，损伤构型下的弹性模量为$(1-\varphi)\overline{E}_0$。

在多轴情况下，式(2-6)则转变为：

$$\sigma_{ij} = (1-\varphi)\overline{\sigma}_{ij} = (1-\varphi)\overline{E}_{ijkl}\varepsilon_{kl}^{e} = (1-\varphi)\overline{E}_{ijkl}(\varepsilon_{kl} - \varepsilon_{kl}^{p}) \tag{2-7}$$

式中：$\overline{E}_{ijkl}$——四阶无损弹性张量分量。

2.2.2 弹塑性模型

2.2.2.1 屈服准则

Lubliner、Lee 与 Fenves 损伤模型中的屈服准则均是基于 D-P 屈服准则进行了改进，在本模型中，屈服准则采用在无损构型中的 Willam-Warnke 五参数模型（图 2-1）。考虑等向强化，屈服函数表达式为：

$$f = \sqrt{2\bar{J}_2} - (1 + m\varepsilon_{eq}^p)\bar{\rho}(\bar{\theta}) = 0 \qquad (0° \leqslant \bar{\theta} \leqslant 60°) \tag{2-8}$$

式中：$\bar{J}_2$——偏应力第二不变量；

$\bar{\theta}$——洛德角，其表达式为 $\cos 3\bar{\theta} = 3\sqrt{3}\bar{J}_3/\left(2\bar{J}_2^{\frac{3}{2}}\right)$（$\bar{J}_3$ 为偏应力第三不变量）；

m——强化参数；

ε_{eq}^p——等效塑性应变，其增量 $d\varepsilon_{eq}^p = \sqrt{\frac{2}{3}d\varepsilon_{ij}^p d\varepsilon_{ij}^p}$，本模型中等效塑性应变 ε_{eq}^p 根据应力状态分为拉伸等效应变 $(\varepsilon_{eq}^p)_t$ 与压缩等效应变 $(\varepsilon_{eq}^p)_c$；

$\bar{\rho}$——屈服面与偏平面交线的极坐标表达式。

$\bar{\rho}$ 表达式如下：

$$\bar{\rho}(\bar{\theta}) = \frac{2\bar{\rho}_t(\bar{\rho}_t^2 - \bar{\rho}_c^2)\cos\bar{\theta} + \bar{\rho}_t(2\bar{\rho}_c - \bar{\rho}_t)\left[4(\bar{\rho}_t^2 - \bar{\rho}_c^2)\cos^2\bar{\theta} + 5\bar{\rho}_c^2 - 4\bar{\rho}_c\bar{\rho}_t\right]^{\frac{1}{2}}}{4(\bar{\rho}_t^2 - \bar{\rho}_c^2)\cos^2\bar{\theta} + (\bar{\rho}_t - 2\bar{\rho}_c)^2} \tag{2-9}$$

式中：$\bar{\rho}_c$、$\bar{\rho}_t$——屈服面与偏平面的交线分别在 $\bar{\theta} = 0°$ 和 $\bar{\theta} = 60°$ 处的值，即 $\bar{\rho}(\bar{\theta} = 0°) = \bar{\rho}_c$，$\bar{\rho}(\bar{\theta} = 60°) = \bar{\rho}_t$。

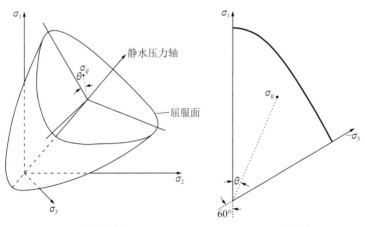

a) 主应力空间　　　　　　b) 偏平面

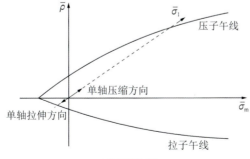

c) 拉压子午面

图 2-1　主应力空间中 Willam-Warnke 模型示意图

σ_1、σ_2、σ_3-实际主应力空间的应力分量；σ_{ij}-实际主应力空间中的当前应力；θ-实际主应力空间中的洛德角；$\bar{\rho}$-无损主应力空间与静水压力轴垂直的轴；$\bar{\sigma}_m$-无损主应力空间静水压力轴；$\bar{\sigma}_1$-无损构型下单轴加载应力

与 $\bar{\rho}_c$、$\bar{\rho}_t$ 相关的表达式如下：

$$\frac{\bar{\sigma}_m}{\alpha_c k_c f_{c0}} = a_2\left(\frac{\bar{\rho}_c}{\alpha_c k_c f_{c0}}\right)^2 + a_1\left(\frac{\bar{\rho}_c}{\alpha_c k_c f_{c0}}\right) + a_0 \tag{2-10}$$

$$\frac{\bar{\sigma}_m}{k_t f_{c0}} = b_2\left(\frac{\bar{\rho}_t}{k_t f_{c0}}\right)^2 + b_1\left(\frac{\bar{\rho}_t}{k_t f_{c0}}\right) + a_0 \tag{2-11}$$

式中：a_0、a_1、a_2、b_1、b_2——Willam-Warnke 模型的五个参数；

$\bar{\sigma}_m$——应力点在静水压力轴上的投影值，$\bar{\sigma}_m = \bar{I}_1/\sqrt{3}$（$\bar{I}_1$ 为应力第一不变量）；

f_{c0}——素混凝土单轴抗压强度；

k_c、k_t——不同钢纤维含量特征值下（$\lambda_f = \rho_f \cdot l_f/d_f$，$\rho_f$ 为钢纤维体积掺量，l_f/d_f 为钢纤维长径比）混凝土强度与对应素混凝土强度的比值；

α_c——决定混凝土压缩屈服点的参数。

在吴建营的研究中，仅考虑了混凝土的受压硬化而不考虑受拉硬化，式 (2-10)、式 (2-11) 也是如此。

根据式 (2-10)、式 (2-11)，可得 $\bar{\rho}_c$、$\bar{\rho}_t$ 的具体表达式为：

$$\bar{\rho}_c = \frac{-a_1 + \sqrt{a_1^2 - 4a_2\left(a_0 - \frac{\bar{\sigma}_m}{\alpha_c k_c f_{c0}}\right)}}{2a_2} \cdot \alpha_c k_c f_{c0} \tag{2-12}$$

$$\bar{\rho}_t = \frac{b_1 + \sqrt{b_1^2 - 4b_2\left(a_0 - \frac{\bar{\sigma}_m}{k_t f_{c0}}\right)}}{2b_2} \cdot k_t f_{c0} \tag{2-13}$$

其中，k_c、k_t 的表达式为：

$$k_c = 1 + \beta_c \lambda_f \tag{2-14}$$

$$k_t = 1 + \beta_t \lambda_f \tag{2-15}$$

式 (2-14)、式 (2-15) 中，β_c、β_t 分别为钢纤维混凝土单轴压缩和拉伸强度随 λ_f 变化的斜率。

2.2.2.2 流动法则

本模型中塑性势函数的选择与屈服函数相同，即关联塑性势函数。

将塑性应变增量 $d\varepsilon_{ij}^p$ 分解为偏应变增量与体应变增量之和形式，具体表示为：

$$d\varepsilon_{ij}^p = de_{ij}^p + \frac{d\varepsilon_v^p}{3}\delta_{ij} \tag{2-16}$$

式中：de_{ij}^p——塑性偏应变增量；

$d\varepsilon_v^p$——塑性体应变增量。

de_{ij}^p 的方向为当前应力点在屈服面与当前应力点所在偏平面交线的外法线方向，该方向记为 $n_{ij}^{(1)}$；塑性体应变增量 $d\varepsilon_v^p$ 与静水压力方向有关，该方向记为 $n_{ij}^{(2)}$。具体表示为：

$$de_{ij}^p = d\lambda n_{ij}^{(1)} \tag{2-17}$$

$$d\varepsilon_v^p = d\lambda n_{ij}^{(2)} \delta_{ij} \tag{2-18}$$

式中：$d\lambda$——非负标量。

$n_{ij}^{(1)}$ 与 $n_{ij}^{(2)}$ 的具体形式表示为：

$$n_{ij}^{(1)} = \frac{\partial f}{\partial \overline{\sigma}_{ij}} - \frac{\partial f}{\partial \overline{I}_1}\frac{\partial \overline{I}_1}{\partial \overline{\sigma}_{ij}} = \frac{\partial f}{\partial \overline{J}_2}\frac{\partial \overline{J}_2}{\partial \overline{\sigma}_{ij}} + \frac{\partial f}{\partial \cos\overline{\theta}} = \frac{\partial \cos\overline{\theta}}{\partial \overline{\theta}}\frac{\partial \overline{\theta}}{\partial \overline{\sigma}_{ij}} \tag{2-19}$$

$$n_{ij}^{(2)} = \frac{\delta_{ij}}{w} \tag{2-20}$$

式中：w——调节沿静水压力方向上塑性应变的标量参数。

根据一致性条件，有：

$$df = \frac{\partial f}{\partial \overline{\sigma}_{ij}} d\overline{\sigma}_{ij} + \frac{\partial f}{\partial \varepsilon_{eq}^p} d\varepsilon_{eq}^p = 0 \tag{2-21}$$

其中：

$$\frac{\partial f}{\partial \overline{\sigma}_{ij}} = \frac{\partial f}{\partial \overline{J}_2}\frac{\partial \overline{J}_2}{\partial \overline{\sigma}_{ij}} + (1+m\varepsilon_{eq}^p)\cdot\left(\frac{\partial f}{\partial \cos\overline{\theta}}\frac{\partial \cos\overline{\theta}}{\partial \overline{\theta}}\frac{\partial \overline{\theta}}{\partial \overline{\sigma}_{ij}} + \frac{\partial f}{\partial \overline{\rho}_c}\frac{\partial \overline{\rho}_c}{\partial \overline{\sigma}_m}\frac{\partial \overline{\sigma}_m}{\partial \overline{\sigma}_{ij}} + \frac{\partial f}{\partial \overline{\rho}_t}\frac{\partial \overline{\rho}_t}{\partial \overline{\sigma}_m}\frac{\partial \overline{\sigma}_m}{\partial \overline{\sigma}_{ij}}\right) \tag{2-22}$$

$$\frac{\partial f}{\partial \varepsilon_{eq}^p} d\varepsilon_{eq}^p = -m\overline{\rho}(\overline{\theta})\sqrt{\frac{2}{3}d\varepsilon_{ij}^p d\varepsilon_{ij}^p} \tag{2-23}$$

在式 (2-22) 中，易证：当单轴受压（$\overline{\theta} = 0°$）时，$\frac{\partial \cos\overline{\theta}}{\partial \overline{\theta}} = 0$，$\frac{\partial f}{\partial \overline{\rho}_c} = -\left[1+m(\varepsilon_{eq}^p)_c\right]$，$\frac{\partial f}{\partial \overline{\rho}_t} = 0$；当单轴受拉（$\overline{\theta} = 60°$）时，$\frac{\partial f}{\partial \cos\overline{\theta}} = 0$，$\frac{\partial f}{\partial \overline{\rho}_c} = 0$，$\frac{\partial f}{\partial \overline{\rho}_t} = -\left[1+m(\varepsilon_{eq}^p)_t\right]$。

故在单轴受压情况下可得：

$$\frac{\partial f}{\partial \overline{\sigma}_{ij}} = \frac{\partial f}{\partial \overline{J}_2}\frac{\partial \overline{J}_2}{\partial \overline{\sigma}_{ij}} - \left[1+m(\varepsilon_{eq}^p)_c\right]\cdot\frac{\partial \overline{\rho}_c}{\partial \overline{\sigma}_m}\frac{\partial \overline{\sigma}_m}{\partial \overline{\sigma}_{ij}} \tag{2-24}$$

$$\frac{\partial f}{\partial (\varepsilon_{eq}^p)_c}d(\varepsilon_{eq}^p)_c = -m\overline{\rho}_c\sqrt{\frac{2}{3}d(\varepsilon_{ij}^p)_c d(\varepsilon_{ij}^p)_c} \tag{2-25}$$

在单轴受拉情况下可得：

$$\frac{\partial f}{\partial \overline{\sigma}_{ij}} = \frac{\partial f}{\partial \overline{J}_2}\frac{\partial \overline{J}_2}{\partial \overline{\sigma}_{ij}} - \left[1+m(\varepsilon_{eq}^p)_t\right]\cdot\frac{\partial \overline{\rho}_t}{\partial \overline{\sigma}_m}\frac{\partial \overline{\sigma}_m}{\partial \overline{\sigma}_{ij}} \tag{2-26}$$

$$\frac{\partial f}{\partial (\varepsilon_{eq}^p)_t}d(\varepsilon_{eq}^p)_t = -m\overline{\rho}_t\sqrt{\frac{2}{3}d(\varepsilon_{ij}^p)_t d(\varepsilon_{ij}^p)_t} \tag{2-27}$$

基于上式，$d\lambda$ 可表示为：

$$d\lambda = H_{ij}d\sigma_{ij} \tag{2-28}$$

其中，单轴受压时的 H_{ij} 表达式为：

$$H_{ij} = \frac{\dfrac{\overline{s}_{ij}}{\sqrt{\overline{J}_2}} - \left[1+m(\varepsilon_{eq}^p)_c\right]\dfrac{\delta_{ij}}{\sqrt{3a_1^2 - 12a_2\left(a_0 - \dfrac{\overline{\sigma}_m}{\alpha_c k_c f_{c0}}\right)}}}{m\alpha_c k_c f_{c0}\dfrac{-a_1 + \sqrt{a_1^2 - 4a_2\left(a_0 - \dfrac{\overline{\sigma}_m}{\alpha_c k_c f_{c0}}\right)}}{2a_2}\cdot\sqrt{\dfrac{2}{3}\left(\dfrac{\overline{s}_{kl}}{\sqrt{\overline{J}_2}} + \dfrac{\delta_{kl}}{w}\right)\left(\dfrac{\overline{s}_{kl}}{\sqrt{\overline{J}_2}} + \dfrac{\delta_{kl}}{w}\right)}} \tag{2-29}$$

单轴受拉时的H_{ij}表达式为：

$$H_{ij} = \frac{\dfrac{\bar{s}_{ij}}{\sqrt{\bar{J}_2}} - \left[1 + m\left(\varepsilon_{\mathrm{eq}}^{\mathrm{p}}\right)_{\mathrm{t}}\right]\dfrac{\delta_{ij}}{\sqrt{3b_1^2 - 12b_2\left(a_0 - \dfrac{\bar{\sigma}_{\mathrm{m}}}{k_{\mathrm{t}}f_{\mathrm{c}0}}\right)}}}{mk_{\mathrm{t}}f_{\mathrm{c}0}\dfrac{b_1 + \sqrt{b_1^2 - 4b_2\left(a_0 - \dfrac{\bar{\sigma}_{\mathrm{m}}}{k_{\mathrm{t}}f_{\mathrm{c}0}}\right)}}{2b_2} \cdot \sqrt{\dfrac{2}{3}\left(\dfrac{\bar{s}_{kl}}{\sqrt{\bar{J}_2}} + \dfrac{\delta_{kl}}{w}\right)\left(\dfrac{\bar{s}_{kl}}{\sqrt{\bar{J}_2}} + \dfrac{\delta_{kl}}{w}\right)}} \quad (2\text{-}30)$$

2.2.3 损伤准则

在本模型中，拉、压损伤因子φ_{t}、φ_{c}相互独立演化，损伤因子φ用φ_{t}、φ_{c}可表示为：

$$\varphi = \varphi_{\mathrm{c}} + r \cdot (\varphi_{\mathrm{t}} - \varphi_{\mathrm{c}}) \quad (2\text{-}31)$$

式(2-31)中，r为拉压应力权重系数。考虑压缩为正，拉伸为负，则r的表达式为：

$$r = \frac{\sum\limits_{k=1}^{3}\langle -\hat{\bar{\sigma}}_k \rangle}{\sum\limits_{k=1}^{3}|\hat{\bar{\sigma}}_k|} \quad (2\text{-}32)$$

式中：$\hat{\bar{\sigma}}_k$——无损构型下的主应力。

定义Y_{c}、Y_{t}分别为压缩、拉伸时混凝土与损伤相关的能量释放率，均为标量，其表达式为：

$$Y_{\mathrm{c}} = -\frac{1}{2}\varepsilon_{ij}^{\mathrm{e}}\frac{\partial \sigma_{ij}}{\partial \varphi_{\mathrm{c}}} = \frac{1}{2}\varepsilon_{ij}^{\mathrm{e}}\bar{\sigma}_{ij}\frac{\partial \varphi}{\partial \varphi_{\mathrm{c}}} = \frac{1}{2}\varepsilon_{ij}^{\mathrm{e}}\bar{\sigma}_{ij} \quad (2\text{-}33)$$

$$Y_{\mathrm{t}} = -\frac{1}{2}\varepsilon_{ij}^{\mathrm{e}}\frac{\partial \sigma_{ij}}{\partial \varphi_{\mathrm{t}}} = \frac{1}{2}\varepsilon_{ij}^{\mathrm{e}}\bar{\sigma}_{ij}\frac{\partial \varphi}{\partial \varphi_{\mathrm{t}}} = \frac{1}{2}\varepsilon_{ij}^{\mathrm{e}}\bar{\sigma}_{ij} \quad (2\text{-}34)$$

定义K_{c}、K_{t}分别为压缩、拉伸时混凝土与损伤相关的损伤硬化函数，其表达式为：

$$K_{\mathrm{c}} = K_{0\mathrm{c}} + \frac{t_{\mathrm{c}}K_{0\mathrm{c}}}{B_{\mathrm{c}}} \cdot \left[\frac{1}{(1-\varphi)^{p_{\mathrm{c}}}} - 1\right] \quad (2\text{-}35)$$

$$K_{\mathrm{t}} = K_{0\mathrm{t}} + \frac{t_{\mathrm{t}}K_{0\mathrm{t}}}{B_{\mathrm{t}}} \cdot \left[\frac{1}{(1-\varphi)^{p_{\mathrm{t}}}} - 1\right] \quad (2\text{-}36)$$

式(2-35)、式(2-36)中，p_{t}、t_{t}、p_{c}、t_{c}为与拉、压状态相关的参数，可通过调节$p_{\mathrm{t}}(p_{\mathrm{c}})$对峰后曲线的形状进行调整，并通过调节$t_{\mathrm{t}}(t_{\mathrm{c}})$对峰后曲线进行微调；$K_{0\mathrm{c}}$、$K_{0\mathrm{t}}$分别为压缩与拉伸初始损伤硬化参数；$B_{\mathrm{c}}$、$B_{\mathrm{t}}$分别与压缩、拉伸断裂能有关。

其中，$K_{0\mathrm{c}}$、$K_{0\mathrm{t}}$的表达式为：

$$K_{0\mathrm{c}} = \frac{(k_{\mathrm{c}}\alpha_{\mathrm{c}}f_{\mathrm{c}0})^2}{2\bar{E}_0} \quad (2\text{-}37)$$

$$K_{0\mathrm{t}} = \frac{(k_{\mathrm{t}}f_{\mathrm{t}0})^2}{2\bar{E}_0} \quad (2\text{-}38)$$

B_{c}、B_{t}的表达式为：

$$B_{\mathrm{c}} = \frac{f_{\mathrm{c}0}^2}{G_{\mathrm{fc}}\overline{E}_0 l_{\mathrm{ch}}} \tag{2-39}$$

$$B_{\mathrm{t}} = \frac{f_{\mathrm{t}0}^2}{G_{\mathrm{ft}}\overline{E}_0 l_{\mathrm{ch}}} \tag{2-40}$$

式中：G_{fc}——素混凝土的压缩断裂能；

G_{ft}——素混凝土的拉伸断裂能；

l_{ch}——特征长度，本模型中取为 1mm。

为简化后续公式描述，以"+""−"作为右上角标分别表示受压和受拉状态。

本模型的损伤准则定义为：

$$g^\pm = Y^\pm - K^\pm \leqslant 0 \tag{2-41}$$

类似于弹塑性加卸载准则，损伤的作用条件为：

$$g^\pm \leqslant 0, \quad \mathrm{d}\lambda_{\mathrm{d}}^\pm \cdot g^\pm = 0 \tag{2-42}$$

式中：$\mathrm{d}\lambda_{\mathrm{d}}^\pm$——与损伤相关的非负标量。

其中：

$g^\pm < 0$ 时，$\mathrm{d}\lambda_{\mathrm{d}}^\pm = 0$，此时为无损状态；

$g^\pm = 0$ 时，$\mathrm{d}\lambda_{\mathrm{d}}^\pm = 0$，此时为损伤初始状态；

$g^\pm = 0$ 时，$\mathrm{d}\lambda_{\mathrm{d}}^\pm > 0$，此时为损伤增长状态。

根据损伤一致性条件，有：

$$\mathrm{d}g^\pm = \frac{\partial g^\pm}{\partial Y^\pm}\mathrm{d}Y^\pm + \frac{\partial g^\pm}{\partial K^\pm}\mathrm{d}K^\pm = 0 \tag{2-43}$$

根据式 (2-43) 可知，$\frac{\partial g^\pm}{\partial Y^\pm} = 1$，$\frac{\partial g^\pm}{\partial K^\pm} = -1$，则式 (2-42) 转变为：

$$\mathrm{d}Y^\pm - \mathrm{d}K^\pm = 0 \tag{2-44}$$

其中：

$$\mathrm{d}Y^\pm = \frac{\partial Y^\pm}{\partial \overline{\sigma}_{ij}}\mathrm{d}\overline{\sigma}_{ij} + \frac{\partial Y^\pm}{\partial \varphi}\frac{\partial \varphi}{\partial \varphi^\pm}\mathrm{d}\varphi^\pm \tag{2-45}$$

$$\mathrm{d}K^\pm = \frac{\partial K^\pm}{\partial \varphi}\frac{\partial \varphi}{\partial \varphi^\pm}\mathrm{d}\varphi^\pm \tag{2-46}$$

损伤增量的表达式为：

$$\mathrm{d}\varphi^\pm = \mathrm{d}\lambda_{\mathrm{d}}^\pm \frac{\partial g^\pm}{\partial Y^\pm} = \mathrm{d}\lambda_{\mathrm{d}}^\pm \tag{2-47}$$

根据式 (2-33)、式 (2-34) 可知 $\frac{\partial Y^\pm}{\partial \varphi}\frac{\partial \varphi}{\partial \varphi^\pm} = 0$，则可得 $\mathrm{d}\varphi^\pm$ 的表达式为：

$$\mathrm{d}\lambda_{\mathrm{d}}^\pm = \mathrm{d}\varphi^\pm = \frac{\dfrac{\partial Y^\pm}{\partial \overline{\sigma}_{ij}}\mathrm{d}\overline{\sigma}_{ij}}{\dfrac{\partial K^\pm}{\partial \varphi}\dfrac{\partial \varphi}{\partial \varphi^\pm}} \tag{2-48}$$

根据上述公式推导可得：

$$\mathrm{d}\varphi_{\mathrm{c}} = \frac{\frac{1}{2}(\varepsilon_{ij}^{\mathrm{e}}\mathrm{d}\overline{\sigma}_{ij} + \overline{\sigma}_{ij}\mathrm{d}\varepsilon_{ij}^{\mathrm{e}})}{\dfrac{p_{\mathrm{c}}t_{\mathrm{c}}K_{0\mathrm{c}}}{B_{\mathrm{c}}} \cdot \dfrac{1}{(1-\varphi)^{p_{\mathrm{c}}+1}}} \tag{2-49}$$

$$\mathrm{d}\varphi_\mathrm{t} = \frac{\frac{1}{2}\left(\varepsilon_{ij}^\mathrm{e}\,\mathrm{d}\bar{\sigma}_{ij} + \bar{\sigma}_{ij}\,\mathrm{d}\varepsilon_{ij}^\mathrm{e}\right)}{\frac{p_\mathrm{t} t_\mathrm{t} K_{0\mathrm{t}}}{B_\mathrm{t}}} \cdot \frac{1}{(1-\varphi)^{p_\mathrm{t}+1}} \tag{2-50}$$

2.3 模型验证

为了验证模型的适用性，本节基于增量法采用 Python 编程对钢纤维混凝土的单轴力学性能进行验证，计算流程如图 2-2 所示。

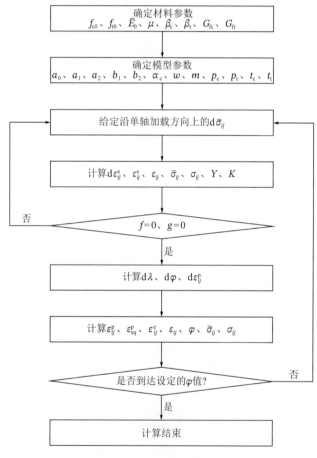

图 2-2 计算流程图

2.3.1 钢纤维混凝土单轴压缩

2.3.1.1 参数确定

根据徐礼华等人[134]以及文献[132]中对不同掺量下含同种钢纤维混凝土的单轴压缩试验结果，结合本章模型对钢纤维混凝土单轴压缩性能进行了模拟。

（1）材料参数

结合文献[132]、[134]的试验结果：取$\overline{E}_0$为32GPa；素混凝土单轴抗压强度f_{c0}为34.27MPa；得出单轴压缩强度与f_{c0}的比值k_c与钢纤维含量特征值λ_f间的关系（图2-3），从而确定了β_c的值为0.12920；并根据试验结果，计算得出素混凝土的压缩断裂能G_{fc}为13241.3N/m。

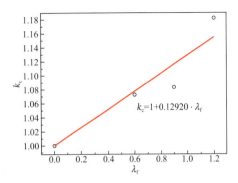

图2-3 k_c与λ_f间的关系

k_c—钢纤维混凝土单轴压缩强度与素混凝土单轴压缩强度比值；λ_f—钢纤维含量特征值

（2）模型参数

原则上，Willam-Warnke模型的五个参数需要基于混凝土的单轴与三轴试验结果确定，William和Warnke对模型参数的试验确定做了详细说明。本节参考Chi等人的研究成果，并鉴于Willam-Warnke模型在描述单轴压缩情况下无需混凝土拉伸相关数据的特征，确定a_0、a_1、a_2的值分别为-0.1775、0.7806、0.1763。本章模型认为，在单轴压缩情况下，当压缩应力到达混凝土强度的80%时开始进入屈服，即认为α_c为0.8。根据文献[132]、[134]的试验结果，w、m的值分别取为15和300。

参数t_c和p_c共同决定了屈服后应力-应变曲线的形状，两者均与钢纤维含量特征值λ_f有关。此处引用文献[132]、[134]的数据中所使用的钢纤维长径比l_f/d_f为60，体积掺量分别为0%、1.0%、1.5%与2.0%，对应的钢纤维含量特征值λ_f分别为0、0.6、0.9与1.2。在模型验证时，对应λ_f所取的t_c、p_c值见表2-1。

与钢纤维含量特征值λ_f对应的参数t_c和p_c　　　　表2-1

λ_f	模型参数	
	p_c	t_c
0.0	0.52631	0.02930
0.6	0.95238	0.01472
0.9	1.00000	0.01386
1.2	1.02041	0.01352

将表中数据进行拟合，可得出λ_f与p_c、t_c与p_c之间呈如下关系：

$$p_c = \frac{1}{0.92415 \cdot e^{-4.18464\lambda_f} + 0.97583} \quad (COD = 0.99998) \quad (2\text{-}51)$$

$$t_c = -0.00329 + 0.01715 \cdot \frac{1}{p_c} \quad (COD = 1) \quad (2\text{-}52)$$

式中：COD——决定系数（Coefficient of Determinatio），评价拟合结果的好坏。

由式(2-51)、式(2-52)可知，λ_f与$1/p_c$呈指数关系，t_c与$1/p_c$之间呈线性关系，随着λ_f的增加，p_c与t_c将趋于定值，即当λ_f增加到一定程度后，模型模拟的应力-应变曲线屈服后形状将会相同。

综上，单轴压缩下的材料参数与模型参数统计详见表2-2。

单轴压缩验证参数汇总　　　　　表2-2

材料参数				模型参数					
f_{c0}	$\overline{E}_0$	β_c	G_{fc}	a_0	a_1	a_2	α_c	w	m
34.27MPa	32GPa	0.12920	13241.3N/m	−0.1775	0.7806	0.1763	0.8	15	300

2.3.1.2 模型验证

根据文献[132]、[134]的试验结果可以发现，不同钢纤维含量特征值λ_f下的应力-应变试验曲线在开始处并不呈直线，这主要是由于在压缩的开始阶段，混凝土试样与试验机的间隙参与了变形。因此，将试验曲线在峰值前的直线部分延伸以取代压缩初期的非直线部分。

将单轴压缩下的材料参数与模型参数代入到弹塑性损伤模型中，对比不同钢纤维含量特征值λ_f下的模型计算结果与处理后的试验结果，如图2-4所示。

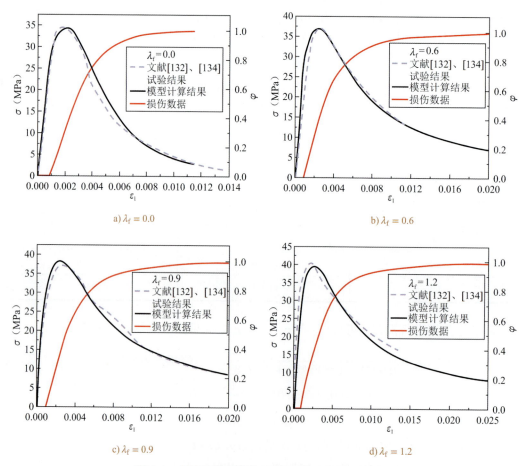

图2-4　单轴压缩下试验结果与模型计算结果对比

σ-混凝土单轴压应力；ε_1-混凝土轴向压应变；λ_f-钢纤维含量特征值；φ-混凝土损伤因子

从图 2-4 中可以看出，模型计算结果与试验结果有着较好的吻合度。

另外，在确定泊松比后，本模型也可较好地模拟径向变形。不妨设泊松比 μ 为 0.15。对于素混凝土的轴向与径向应力-应变曲线计算结果如图 2-5 所示。

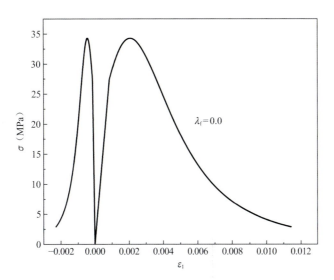

图 2-5 轴向与径向应力-应变曲线计算结果

σ-混凝土单轴拉应力；ε_1-混凝土轴向拉应变；λ_f-钢纤维含量特征值

根据式 (2-51) 与式 (2-52)，增加了钢纤维含量特征值分别在 0.3、1.5 下的计算结果，并将所有计算结果进行对比，如图 2-6a) 所示。从图 2-6a) 中可以发现，模型计算曲线在软化阶段的形状随 λ_f 的增加明显趋缓。将模型计算曲线归一化，如图 2-6b) 所示。从图 2-6b) 中可以看出，随着 λ_f 的增加，相邻软化段曲线的间距逐渐缩小，λ_f 为 1.2 与 1.5 时，两者曲线近乎重合。在图 2-6b) 中，相同应力比下随着钢纤维掺量的增加，损伤在一定程度上得到了降低，这与文献[135]的结论一致。

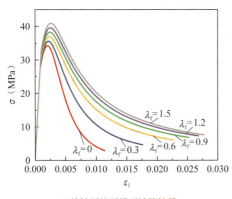

a) 单轴压缩下模型计算结果   b) 单轴压缩下模型计算结果归一化

图 2-6 单轴压缩下模型计算结果及其归一化

σ-混凝土单轴压应力；ε_1-混凝土轴向压应变；λ_f-钢纤维含量特征值；σ/σ_{max}-混凝土归一化单轴应力；$\varepsilon_1/\varepsilon_{cu}$-混凝土归一化轴向压应变

2.3.2 钢纤维混凝土单轴拉伸

2.3.2.1 参数确定

韩嵘等人[137]研究了相同钢纤维在不同掺量下的混凝土单轴抗拉性能,本节根据其试验结果,应用本章模型模拟计算单轴拉伸性能并与试验结果进行对比。

（1）材料参数

根据研究结果,取素混凝土单轴抗压强度f_{c0}与单轴抗拉强度f_{t0}分别为47.46MPa和3.17MPa;单轴抗拉强度与f_{t0}的比值k_t与钢纤维含量特征值λ_f间的关系如图2-7所示,故取β_t的值为0.48715;$\overline{E}_0$的值与模拟单轴压缩时一致。由于文献[137]中素混凝土的单轴拉伸性能缺少峰后数据,无法根据试验结果计算素混凝土的单轴拉伸断裂能G_{ft}。基于丁力栋等人的研究成果,取G_{ft}的值为160N/m。

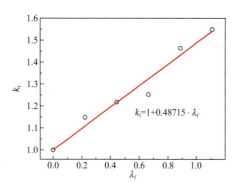

图2-7 k_t与λ_f间的关系

k_t-钢纤维混凝土与素混凝土的单轴拉伸强度比值;
λ_f-钢纤维含量特征值

（2）模型参数

本章模型对单轴拉伸的模拟不考虑其强化阶段。Willam-Warnke模型的参数a_0、a_1、a_2、w、m与2.3.1节中的取值相同;b_1、b_2的取值可由f_{c0}、f_{t0}的值结合压缩侧的参数特征进行拟合取得,此处b_1、b_2的取值分别为-2.4529与1.7400。

文献[138]中采用了长径比l_f/d_f为44.34的钢纤维,体积掺量分别为0%、0.5%、1.0%、1.5%、2.0%与2.5%,对应的钢纤维含量特征值λ_f分别为0、0.2217、0.4434、0.6651、0.8868与1.1085。在模型验证时,对应λ_f所取的p_t、t_t值见表2-3。

与钢纤维含量特征值 λ_f 对应的参数 p_t 和 t_t 表2-3

λ_f	模型参数	
	p_t	t_t
0.2217	1.11111	5.5×10^{-5}
0.4434	1.42857	4.2×10^{-5}
0.6651	1.81818	3.2×10^{-5}
0.8868	2.22222	2.6×10^{-5}
1.1085	2.50000	2.4×10^{-5}

注:由于试验数据缺少λ_f为0时的峰后段,故表中未对λ_f为0的情况进行模拟。

将表中数据进行拟合,可得出λ_f与p_t、t_t与p_t之间呈如下关系:

$$p_\text{t} = \frac{1}{0.94962 \cdot \mathrm{e}^{-1.79443\lambda_\text{f}} + 0.26446} \quad (\text{COD} = 0.99907) \quad (2\text{-}53)$$

$$t_\text{t} = -2.01818 \times 10^{-6} + 6.30303 \times 10^{-5} \cdot \frac{1}{p_\text{t}} \quad (\text{COD} = 0.99804) \quad (2\text{-}54)$$

式 (2-53)、式 (2-54) 与式 (2-51)、式 (2-52) 的形式相似，λ_f 与 $1/p_\text{t}$ 呈指数关系，t_t 与 $1/p_\text{t}$ 之间呈线性关系，随着 λ_f 的增加，t_t 与 p_t 将趋于定值。

综上，单轴拉伸下的材料参数与模型参数统计详见表 2-4。

单轴拉伸验证参数汇总　　　　表 2-4

材料参数					模型参数			
f_{c0}	f_{t0}	$\overline{E}_0$	β_t	G_{ft}	b_1	b_2	w	m
47.46MPa	3.17MPa	32GPa	0.48715	160N/m	-2.4529	1.7400	15	300

2.3.2.2 模型验证

代入各参数后，应用本章模型对单轴拉伸下的钢纤维混凝土应力-应变曲线进行了模拟计算，不同钢纤维含量特征值 λ_f 下的模型计算结果与试验结果对比如图 2-8 所示。

从图 2-8 中可以看出，模型计算结果能够较好地模拟钢纤维混凝土的单轴拉伸性能，与试验结果较为吻合。

根据式 (2-53) 与式 (2-54)，补充了 λ_f 为 0 时的计算结果，并将所有计算结果进行了对比，如图 2-9a) 所示。从图 2-9a) 中可以看出，随着 λ_f 的增加，可以明显表现出单轴拉伸下对应钢纤维混凝土残余抗拉强度的提升。归一化单轴拉伸模型计算曲线后 [图 2-9b)]，可以看出，相邻软化段曲线的间隔明显，与单轴压缩模拟曲线不同，主要是由于选用的 p_t 值与其趋向的定值间差值较大，而在单轴压缩模拟时，选用的 p_c 值与其趋向的定值较为接近。

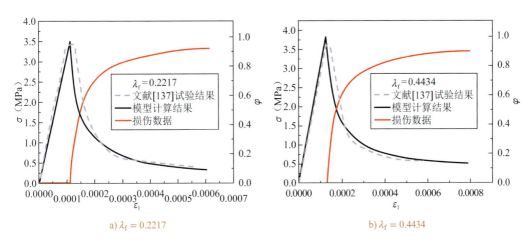

图 2-8

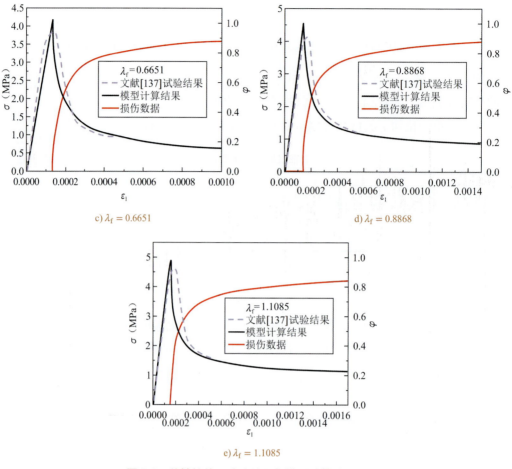

c) $\lambda_f = 0.6651$

d) $\lambda_f = 0.8868$

e) $\lambda_f = 1.1085$

图 2-8 单轴拉伸下试验结果与模型计算结果对比

σ-混凝土单轴拉应力；ε_1-混凝土轴向拉应变；λ_f-钢纤维含量特征值；φ-混凝土损伤因子

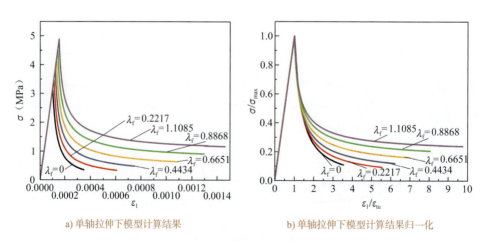

a) 单轴拉伸下模型计算结果

b) 单轴拉伸下模型计算结果归一化

图 2-9 单轴拉伸下模型计算结果及其归一化

σ-混凝土单轴拉应力；ε_1-混凝土轴向拉应变；λ_f-钢纤维含量特征值；σ/σ_{max}-混凝土归一化单轴拉应力；$\varepsilon_1/\varepsilon_{tu}$-混凝土归一化轴向拉应变

2.3.3 循环模拟

本章模型除了在模拟混凝土单轴拉伸与压缩应力-应变曲线方面有很好的效果外，还可模拟单轴压缩循环、单轴拉伸循环以及拉压循环。

2.3.3.1 单轴压缩与拉伸循环模拟

在对单轴压缩循环进行模拟时，模型参数与材料参数选择参照 2.2.1 节中的参数进行选取，t_c 和 p_c 的取值按 2.2.1 节中对应 λ_f 为 0 的值选取。在对单轴拉伸循环进行模拟时，模型参数与材料参数选择参照 2.2.2 节中的参数进行选取，t_t 和 p_t 的取值按 2.2.2 节中对应 λ_f 为 0.2215 的值选取。

循环模拟计算时，在程序中增加了卸载、再加载模块，卸载、再加载的过程均按弹性考虑。模拟结果如图 2-10 所示。

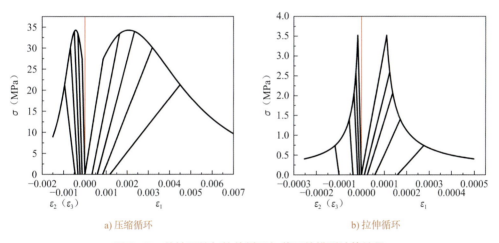

a) 压缩循环　　　　　　　　　　b) 拉伸循环

图 2-10　单轴压缩与拉伸循环加载下的模型计算结果

σ-混凝土单轴应力；ε_1-混凝土轴向应变；$\varepsilon_2(\varepsilon_3)$-混凝土径向应变

从图 2-10 中可以看出，对于单轴压缩和拉伸循环，随着卸载次数的增加，加卸载斜率（即弹性模量）逐渐减小。由此可见，本章模型可以很好地模拟出刚度退化的效果。

2.3.3.2 拉压循环模拟

进行拉压循环模拟时，选取的钢纤维含量特征值 λ_f 为 1.2，t_c、p_c 的取值与 2.2.1 节中对应的 λ_f 值相同，并根据式 (2-53) 与式 (2-54) 计算得出 t_t、p_t 的值分别为 2.2×10^{-5}、2.66873。材料参数与模型参数中的 $\overline{E}_0$、G_{fc}、G_{ft}、a_0、a_1、a_2、b_1、b_2、w、m、β_c、β_t 取值与 2.2.1、2.2.2 节相一致，素混凝土单轴抗压强度选取为 34.27MPa，并基于式 (2-13) 计算得出对应素混凝土单轴抗压强度为 2.29MPa。计算时，选择先拉伸再压缩，进行两次拉压循环。计算结果如图 2-11 所示。

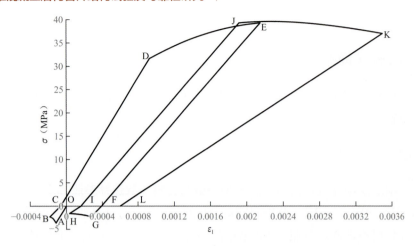

图 2-11　单轴拉压循环加载下模型计算结果

σ-混凝土单轴应力；ε_1-混凝土轴向应变

在图 2-11 中，钢纤维混凝土先单轴受拉至软化阶段（OAB），再将荷载卸载为 0（BC），其后进行单轴压缩至强化段（CDE），再卸载为 0（EF），至此完成了一次拉压循环；再进行第二次拉伸加载（FGH）后将荷载卸载为 0（HI），随后进行单轴压缩加载（IJK）与卸载（KL），至此完成了第二次拉压循环。

从图 2-11 中可以看出：EF 与 IJ 以及 BC 与 FG 间相互平行，表明了本模型中拉伸与压缩损伤相互独立；BC 与 CD 以及 HI 与 IJ 的斜率并不相同，这很好地描述了因拉伸裂缝的闭合而导致的刚度恢复；拉伸侧的 OA、BC（FG）、HI 的斜率逐渐减小，同样压缩侧的 CD、EF（IJ）、KL 的斜率也逐渐减小，这表明模型在拉压循环中也能体现刚度的退化。

2.4　结论

本章基于 Willam-Warnke 五参数模型与损伤理论系统地建立了钢纤维混凝土弹塑性损伤本构模型，该模型可用于描述钢纤维混凝土单轴拉伸或压缩时的应力-应变关系，并在单轴单调加载（拉伸与压缩）以及循环加载（拉伸循环、压缩循环以及拉压循环）情况下对该模型进行了验证。得出主要结论如下：

（1）模型通过 β_c、β_t、t_c、p_c、t_t、p_t 等参数建立了混凝土强度与钢纤维含量特征值 λ_f 间的关系，可描述钢纤维含量特征值 λ_f 对混凝土强度以及峰后曲线的影响。

（2）在单调拉伸与压缩情况下，模型计算结果与试验结果有着较好的吻合度，满足应用要求。

（3）基于试验数据，在模型计算时可得出模型中 λ_f、$p_t(p_c)$ 以及 $t_t(t_c)$ 之间存在一定的关系，这种关系主要取决于试验结果。

（4）模型中拉伸损伤与压缩损伤独立演化，通过对拉伸循环、压缩循环以及拉压循环的模拟计算，可用于描述拉、压转换时的刚度恢复以及进入弹塑性后的刚度退化。

第3章
钢纤维混凝土构件抗弯试验

3.1 引言

钢纤维混凝土是在混凝土基材的基础上添加钢纤维拌和而成，与素混凝土相比，其在力学性能和耐久性能上有了很大的提升。钢纤维的添加起到了较好的增强、增韧效果，具有优良的抗拉、抗弯、阻裂、耐冲击、耐疲劳、高韧性等力学性能，在抗冲击、抗疲劳、裂后韧性和耐久性方面也有着较大改善，在工程上应用广泛。钢纤维种类繁多，目前端钩型钢纤维应用较多。端钩型钢纤维根据端部的弯折次数可分为弯折两次、弯折三次和弯折四次等形式，其中弯折两次端钩型钢纤维应用较为普遍。

国内外相关标准中，一般以开口梁构件三点抗弯试验来衡量钢纤维混凝土的抗弯性能。在钢纤维混凝土抗弯性能的研究方面，国内外已经进行了大量研究。刘若愚等基于对无筋钢纤维混凝土的单轴压缩、弯拉试验和压弯试验，提出了钢纤维混凝土弯曲极限状态下裂缝高度的计算方法。丁一宁通过试验研究了钢纤维对混凝土抗弯强度以及裂后弯曲能量的影响，并基于假设提出了开裂截面的应力分布规律。赵顺波等研究分析了混凝土强度、钢纤维类型与掺量对抗弯性能的影响规律，证实了端钩型钢纤维具有更好的锚固效果。刘春阳等研究了含大粒径再生粗集料钢纤维混凝土梁的受弯性能，验证了平截面假定，并对比了 ABAQUS 数值分析结果与试验结果。李英娜等基于对端钩型钢纤维高强混凝土开口梁的三点弯曲试验，分析了其抗弯特性，并建立了延性指数计算模型。高丹盈、张廷毅等对钢纤维高强混凝土开口梁进行了三点弯曲试验，研究了钢纤维掺量对高强混凝土断裂性能的影响。徐平等基于开口梁三点弯曲试验，分析了开口高度、构件尺寸以及钢纤维掺量对高强混凝土断裂能的影响。张井财等对钢纤维混凝土开口梁进行了三点弯曲试验，分析了钢纤维掺量对起裂韧度和失稳韧度的影响。岳健广等基于钢纤维混凝土开口梁构件进行三点弯曲试验，应用声发射技术对开口梁断裂过程中的开裂模式与能量耗散规律进行了研究。Ahmadi R 等提出了一种可预测钢纤维混凝土四点抗弯性的精确解。Meng G 等为了预测钢纤维混凝土的残余弯曲性能，提出了受压区的等效三角形应力分布模型以及拉伸区的四折线应力分布模型。Gao D 等提出了可预测端钩型钢纤维混凝土在弯曲时应力-裂缝开口位移关系的 DAM 模型，并与试验结果相验证，取得了良好的效果。Bakhshi M 等在研究纤维混凝土弯曲韧性时，提出了受压区的双折线应力分布模型以及拉伸区的三折线应力分布模型。

近年来，数字图像相关法（DIC）技术在混凝土研究和监测领域逐渐得到应用，其应用有助于深化对混凝土破坏过程与机理的理解。张俊等对混凝土开口梁进行了三点往复弯曲加载试验，应用 DIC 技术测量了混凝土断裂过程区（FPZ）的开展过程，分析了循环加载对混凝土断裂参数的影响。杨晓华等应用声发射和 DIC 技术研究了三种初始缝高比对铣削型钢纤维开口梁构件断裂性能的影响，并分析了弯曲过程中声发射能量和全场应变的变化规律。Li 等采用 DIC 和声发射技术，结合开口梁三点弯试验，测量了不同加载速率下的大坝混凝土断裂过程区，研究了 FPZ 的形成过程。Dai 等对混凝土开口梁在三点弯曲作用下进行I型断裂扩展试验，采用 DIC 和声发射技术，以获得试样表面的位移场和试样内部的声发射信号，研究混凝土的 FPZ 特征。Skarżyński 等利用 DIC 技术全面研究了混凝土和钢筋混凝土梁在准静态三点弯曲作用下的断裂行为，分析了骨料颗粒的形状、体积和尺寸以及钢筋对混凝土弯曲断裂的影响。

目前，应用传统测量方法对端钩型钢纤维高强混凝土开口梁的弯曲性能分析不能直观反映开裂过程，而应用 DIC 技术对端钩型钢纤维构件的弯曲性能研究尚不多见。本章对 7 种不同端钩型钢纤维含量的混凝土开口梁构件进行了三点抗弯试验，并对 4 种不同掺量的端钩型钢纤维高强混凝土梁试件进行了四点弯曲试验。为了便于直观分析开口梁构件表面变形的分布情况及开裂过程，试验中使用 DIC 非接触测量设备进行了测量。根据试验结果，研究了不同端钩型钢纤维掺量对不同抗弯性能参数的影响，分析了端钩型钢纤维高强混凝土的弯曲过程，得出有益的结论，可为端钩型钢纤维高强混凝土的工程应用提供参考。

3.2　试验准备

3.2.1　原材料

水泥：台泥（贵港）水泥有限公司生产的 P.II525 水泥。

粉煤灰：深圳妈湾电力有限公司生产的II级粉煤灰，细度为 23%，烧失量为 3%。

砂：细度模数为 2.7 的东莞河砂。

粗集料：惠州博罗花岗岩石子，粒径为 5～25mm 连续级配，压碎值为 7.5。

钢纤维：马克菲尔端钩型钢纤维，长度为 50mm，长径比为 67，抗拉强度不小于 1500MPa。

减水剂：安徽中铁工程材料科技有限公司生产的四威 RAWY-101 型高性能聚羧酸减水剂，减水率为 25%。

水：东莞地区自来水。

3.2.2　配合比与试验分组

考虑到新拌混凝土的工作性能受钢纤维掺量的影响较大，在配合比设计时保证水、灰（水泥、粉煤灰）、减水剂以及细集料的比例不变，在加入钢纤维的同时降低粗集料用量，详细配合比见表3-1。

在混凝土拌和过程中，采用手动多批次的方式投放钢纤维，能够有效避免钢纤维在搅拌过程中成团。

基于每立方米混凝土中添加的钢纤维质量，将四点弯曲构件分成 SF25、SF30、SF35、SF50 共 4 个试验组，将开口梁三点弯曲构件分成 SF0、SF25、SF30、SF35、SF40、SF45、

SF50 共 7 个试验组。浇筑的梁构件尺寸均为 550mm×150mm×150mm。待构件在标准养护室养护满 28d 后进行抗弯试验。对于开口梁三点弯曲构件，需在每个梁构件中间沿垂直于轴向方向切割出宽 2mm、高 25mm 的预制缝。

混凝土配合比（单位：kg/m³） 表 3-1

构件编号	水泥	粉煤灰	砂	粗集料	水	减水剂	端钩型钢纤维
SF0	377	77	592	1203	143	7.2	0
SF25	391	80	615	1149	148	7.48	25
SF30	394	81	619	1138	150	7.53	30
SF35	397	81	624	1127	151	7.59	35
SF40	400	82	628	1117	152	7.64	40
SF45	403	82	633	1106	153	7.70	45
SF50	406	83	637	1095	154	7.75	50

3.3 四点弯曲试验

3.3.1 试验过程

试验采用了最大施加荷载为 250kN 的深圳万测微机控制电子万能试验机（图 3-1）对端钩型钢纤维高强混凝土梁试样进行四点弯曲试验，加载方式如图 3-2 所示。加载设备配备了力与作动器位移采集系统。试验加载过程采用位移控制，加载速度为 0.0017mm/s。为了可以连续测量梁试件表面在试验过程中的变形情况，试验中使用了高精度接触全场应变测量系统（Digital Image Correlation，DIC）进行测量（图 3-3），该测量系统需在试件表面制作散斑图案，并要求具备良好的光照条件。

图 3-1 加载设备

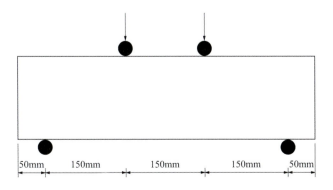
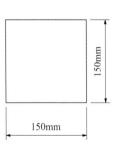

图 3-2 四点弯曲试验加载方式示意图

图3-3 高精度DIC非接触测量设备

由于试验过程中涉及两套采集系统（试验机与高精度DIC非接触测量系统），故在试验开始时要求两套系统同时启动。试验中，试验机的采样频率为30Hz，考虑到DIC非接触测量系统在采集时需拍摄试件表面的高清照片，过高的采样频率会挤占有限的存储空间，故试验时采样周期设为4s。

3.3.2 荷载-挠度曲线

试验分析时，端钩型钢纤维高强混凝土梁试件的挠度为试件下端面中点位置处相对下端两支座的竖向位移，DIC非接触测量系统所采集的竖向位移数据包含了加载过程中支座的变形，故在计算挠度时使用了试件下端中点的竖向位移数据减去紧挨下端支座的两点竖向位移平均值。荷载数据采用试验机所采集的数据，分析时需每隔120个数据点选取数据，以匹配挠度数据。

根据试验所得到的数据结果，绘制了不同纤维掺量下端钩型钢纤维高强混凝土试件的荷载-挠度曲线，如图3-4所示。

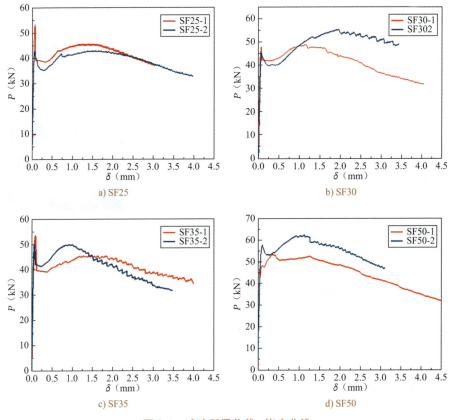

a) SF25   b) SF30

c) SF35   d) SF50

图3-4 试验所得荷载-挠度曲线

P-受弯荷载；δ-混凝土梁试件抗弯挠度

从图 3-4 中可以看出，各掺量下端钩型钢纤维高强混凝土梁试件在首次达到峰值后开始出现荷载下降，之后经历了荷载随挠度增加而增加的强化过程，到达强化阶段的峰值后开始进入软化阶段。同时，随着钢纤维掺量的增加，峰值荷载也随之增加。总体上，与 C60 素混凝土相比，端钩型钢纤维高强混凝土的抗弯荷载的变化幅度较为缓和，在首次达到峰值后依然能够在一定程度上维持荷载，具有较好的抗弯韧性。这与焦楚杰等的研究结论相一致。

基于图 3-4 中的荷载-挠度曲线，对各掺量下端钩型钢纤维高强混凝土梁试件在挠度分别为 0.5mm、1mm、2mm 和 3mm 时的能量耗散值进行了统计，如图 3-5 所示。总体上可看出，在同一挠度下，纤维掺量高的构件所消耗能量偏大，韧性偏强。

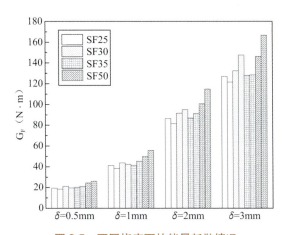

图 3-5　不同挠度下的能量耗散情况

G_F-混凝土梁试件抗弯能量耗散值；δ-混凝土梁试件抗弯挠度

3.3.3　弯曲开裂过程分析

DIC 非接触测量设备可以分析试验中端钩型钢纤维高强混凝土梁试件表面的应变场的分布情况，能够捕捉试验中裂缝的开展过程。试验结果表明，所有试件的开裂位置均位于两加载点中间。表 3-2 中展示了不同钢纤维掺量下，梁构件在荷载达到峰值点前后以及挠度分别为 0.5mm、1mm、2mm、3mm 时裂缝周边的横向应变云图。

裂缝在不同阶段的横向应变云图汇总表　　表 3-2

钢纤维掺量	峰值点处	峰值点后	$\delta = 0.5$mm	$\delta = 1$mm	$\delta = 2$mm	$\delta = 3$mm
SF25						

续上表

钢纤维掺量	峰值点处	峰值点后	$\delta=0.5\text{mm}$	$\delta=1\text{mm}$	$\delta=2\text{mm}$	$\delta=3\text{mm}$
SF30	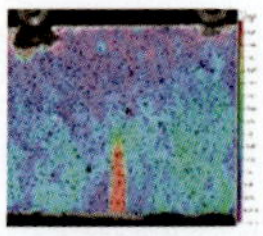	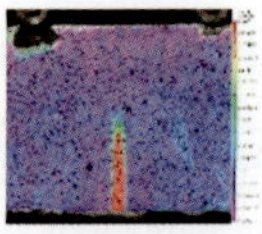	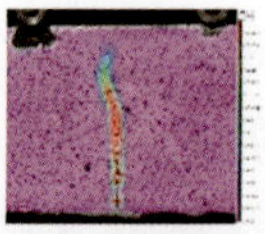	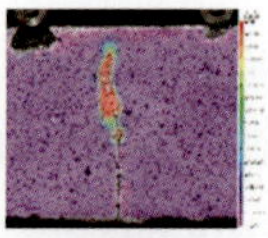	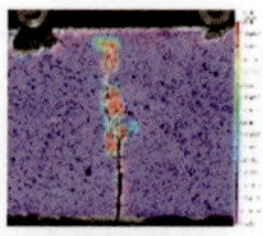	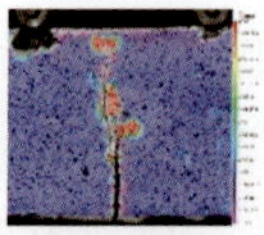
SF35	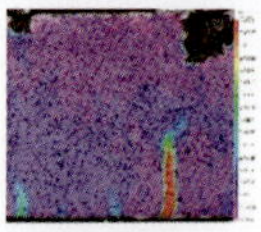	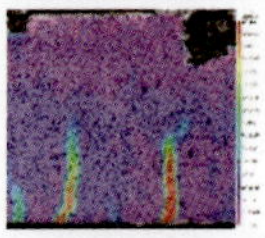	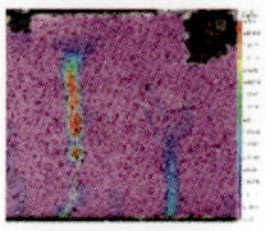	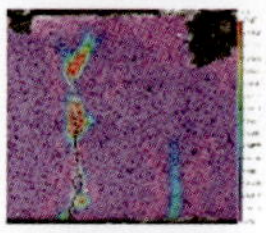	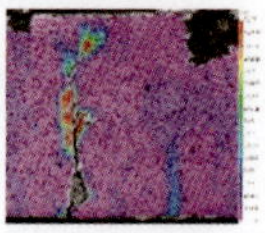	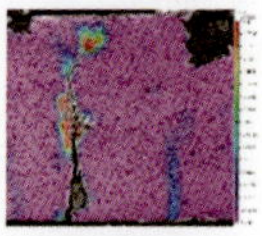
SF50	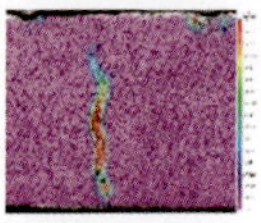	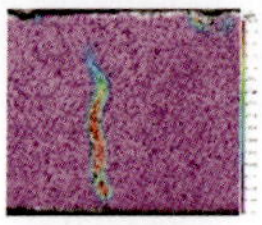	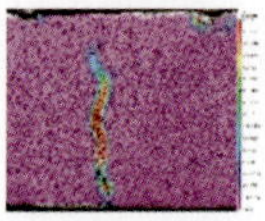	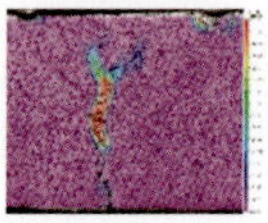	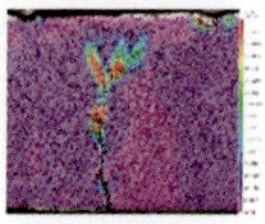	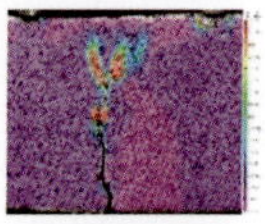

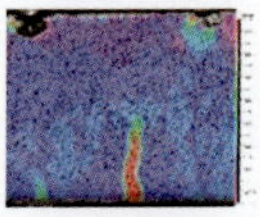

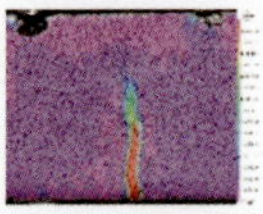

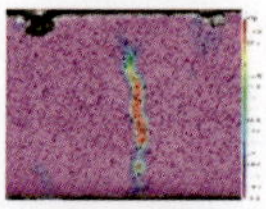

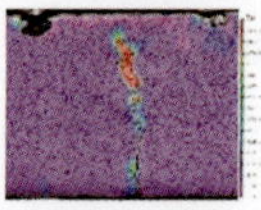

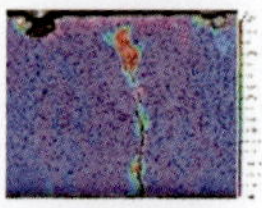

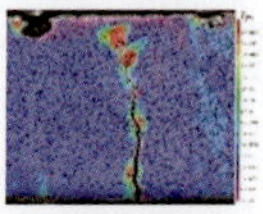

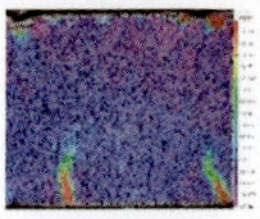

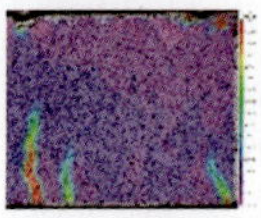

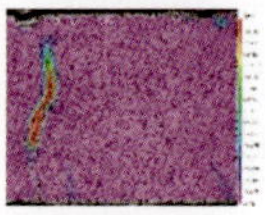

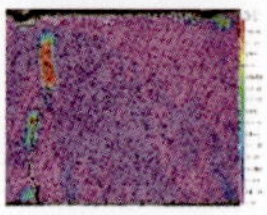

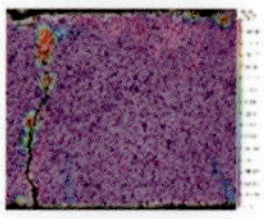

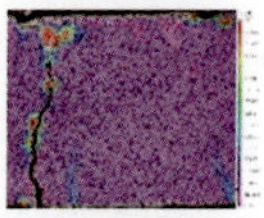

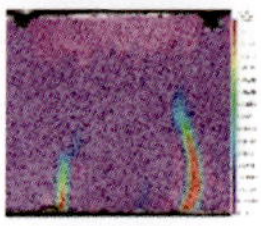

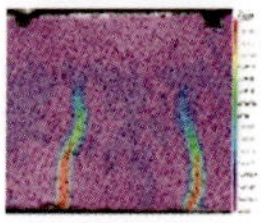

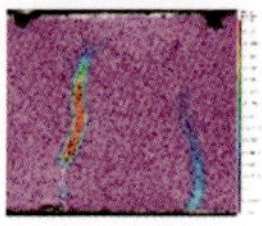

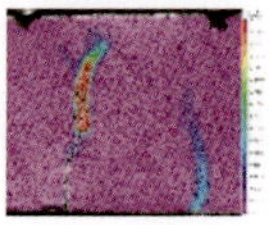

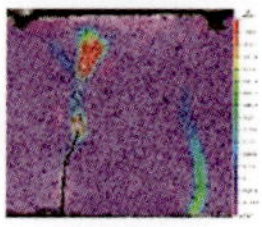

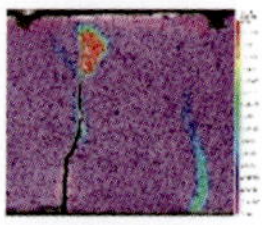

从表 3-2 中可以看出：当端钩型钢纤维高强混凝土梁试件在达到峰值荷载前后时，微裂纹已经产生，一些试件还伴随有多处微裂纹，此时裂纹尖端已开展到接近试件高度中间位置，并且随着钢纤维掺量的增加，峰值荷载时的裂纹深度有随之增加的趋势；当挠度为 0.5mm 时，变形主要集中在一条肉眼可见的主裂缝处，其他微裂纹不再继续开展，同时主裂缝尖端向上延伸到距梁试件上边缘较近的位置；当挠度达到 1mm、2mm 和 3mm 时，主裂缝持续开展，开口位移随加载的进行逐渐增加，尖端持续接近梁试件的上边缘，但由于钢纤维的拉伸作用，裂缝未能贯穿梁试件，且钢纤维的拉伸作用也是试件在开裂后仍能维持一定荷载的原因。

3.3.4 开裂截面变形分析

由表 3-2 可知，端钩型钢纤维高强混凝土梁试件四点弯曲的开裂位置主要集中于两加载点中间位置。如图 3-6 所示，用沿试件轴（横）向的 100mm 直线段即可贯穿所有竖向开展的裂缝。因此，在分析 DIC 非接触测量设备所采集的数据时，构建了两个加载点中间的分析面，并在该分析面上创建了由上到下等间距且平行分布的 9 条 100mm 横向直线段，如图 3-7 所示。该直线段可测量试验过程中线段内的平均应变，则可利用这 9 条直线段分析加载过程中平均应变沿高度的分布规律。由于裂缝的开展位置随机，且有多条裂纹同时开展的情况发生，为了便于分析，不妨虚拟一条竖向裂缝，并将同一高度处所有裂缝的变形量都赋予该虚拟裂缝，则这 9 条直线段所测量的即为该虚拟裂缝沿高度分布的横向应变（ε_h）。

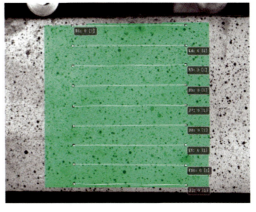

图 3-6 沿高度等间距且平行分布的测量直线段

如图 3-6 所示，根据试验中 9 条直线段所测得的横向应变结果，可得到不同钢纤维掺量下挠度分别为 0.5mm、1mm、2mm 和 3mm 时横向应变沿高度的分布情况（横向应变以受拉为正、受压为负），由于 DIC 非接触测量系统无法分析到上、下边缘处的情况，故上、下边缘处的横向应变值应采用插值得到。

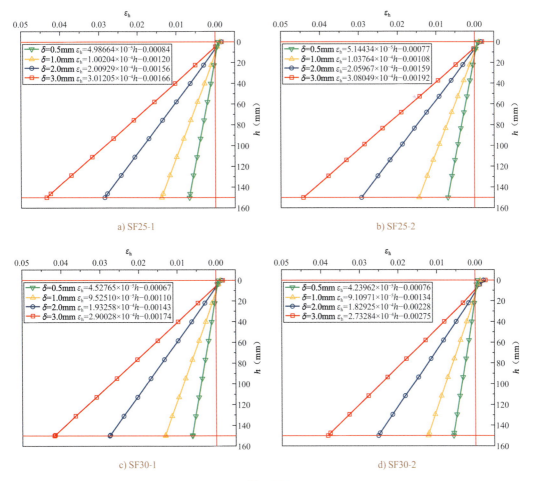

图 3-7

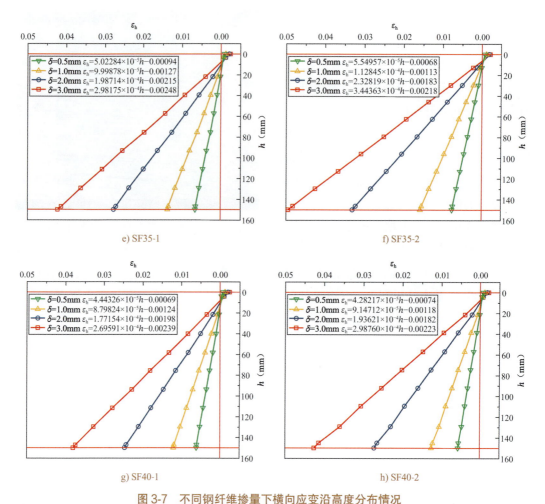

图 3-7 不同钢纤维掺量下横向应变沿高度分布情况

ε_h - 混凝土梁试件横向应变；δ - 混凝土梁试件抗弯挠度；h - 混凝土梁试件高度

如图 3-7 所示，可明显看出各纤维掺量下挠度在 0.5mm、1mm、2mm 和 3mm 时的横向应变均沿高度呈线性分布，这证实了平截面假定的正确性。另外，对于端钩型钢纤维高强混凝土梁构件而言，当挠度为 0.5mm 时，梁构件的弯拉区已扩展至接近弯压区的上边缘位置，随着挠度的继续增加，弯拉区扩展变缓。结合图 3-6 可以说明，端钩型钢纤维高强混凝土梁构件在纯弯曲下裂纹的主要开展过程在挠度为 0～0.5mm 时就已完成。图 3-4 中，挠度为 0.5mm 基本对应峰后强化的初始阶段，当挠度继续增加，端钩型钢纤维的存在会约束裂缝的继续开展，同时端钩型钢纤维在弯拉开裂区起到了补强作用，使得荷载-挠度曲线在挠度为 0.5mm 后出现了一定程度的强化。

图 3-8 中统计了各纤维掺量的端钩型钢纤维高强混凝土梁构件抗弯挠度在 0.5mm、1mm、2mm 和 3mm 时中性轴位置距梁构件上边缘高度（h_0）的变化情况。从图 3-8 中可明显看出，随着挠度的增加，中性轴高度的变化趋势逐渐放缓。对比 SF25 和 SF50，可发现 SF25 梁构件在纯弯曲下，挠度在 0.5mm、1mm、2mm 和 3mm 时中性轴距上边的高度均值低于 SF50 梁构件，说明端钩型钢纤维的掺量能够影响中性轴的位置变化，且纤维掺

量越高，约束裂缝的效果越显著，对于纯弯梁构件即表现为弯拉区裂缝的开展放缓。

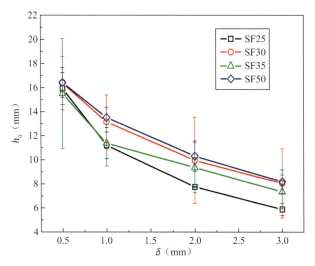

图 3-8 不同钢纤维掺量下中性轴位置距梁构件上边缘高度的变化情况

δ - 混凝土梁试件抗弯挠度；h_0 - 中性轴位置距梁构件上边缘高度

3.4 三点弯曲试验

3.4.1 试验过程

（1）试验设备

使用最大施加荷载为 250kN 的深圳万测微机控制电子万能试验机对端钩型钢纤维高强混凝土开口梁构件进行三点弯试验，加载方式如图 3-9 所示。

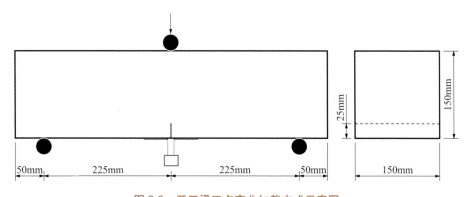

图 3-9 开口梁三点弯曲加载方式示意图

在变形测量方面，使用夹式引伸计测量试验构件的开口位移（Crack Mouth Opening Displacement，CMOD），并应用高精度 DIC 非接触测量设备对构件表面的变形情况进行测量分析。

（2）试验控制

将夹式引伸计接入加载设备的控制系统，试验加载过程中使用 CMOD 进行控制。加载过程主要分为两个阶段：①当 CMOD 小于 0.5mm 时，采用 0.05mm/min 的加载速率；②当 CMOD 大于 0.5mm 时，采用 0.2mm/min 的加载速率。当 CMOD 为 5mm 或构件出现破坏时，试验终止。

由于 DIC 非接触测量设备与加载设备相互独立，试验时需两者同时启动。加载过程中，加载设备的采样频率为 30Hz，DIC 非接触测量设备设置为每 4s 拍摄一组照片。

3.4.2 荷载–CMOD 曲线

根据试验结果，得出了开口梁构件在所有钢纤维掺量下荷载与 CMOD 之间的关系曲线，如图 3-10 所示。可以看出，含钢纤维混凝土开口梁构件与素混凝土开口梁构件在抗弯性能上有着显著的差异，含端钩型钢纤维开口梁构件的荷载–CMOD 曲线具有两个峰值。为方便表达，借鉴霍琳颖等在研究钢纤维混凝土拉伸二次峰值强度中的表述，将含端钩型钢纤维开口梁构件的荷载–CMOD 曲线出现的第一个峰值荷载点称为"第一峰值"，第二个峰值荷载点称为"第二峰值"。

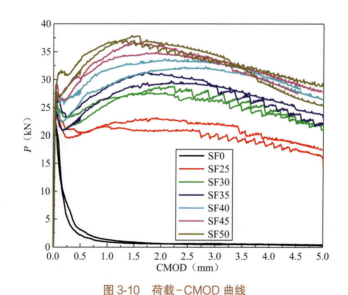

图 3-10 荷载–CMOD 曲线

P–受弯荷载；CMOD–混凝土梁试件开口张开位移

在图 3-10 中，素混凝土开口梁表现出了明显的脆性，在到达峰值后荷载开始快速降低，直至破坏。含端钩型钢纤维高强混凝土开口梁构件均在到达第一峰值后，出现短暂的荷载下降，下降幅度有随钢纤维掺量的增加而减弱的趋势；荷载降至一定程度后，钢纤维开始充分发挥拉伸增强作用，曲线进入强化阶段，钢纤维掺量越高，强化作用越明显，第二峰值也随着钢纤维掺量的增加而增加；达到第二峰值后进入软化阶段，荷载开始缓慢下降。在含端钩型钢纤维开口梁构件中，除 SF25 构件的第二峰值与第一峰值之比为 0.91 外，其他构件的峰值比均大于 1（其中，SF30 为 1.11，SF35 为 1.15，SF40、SF45 与 SF50 均在 1.2 左右）。表明端钩型钢纤维高强混凝土开口梁构件在峰后阶段依然能承受较高的荷载，甚至超过第一峰值荷载，也体现了端钩型钢纤维高强混凝土优异的抗弯韧性。

3.4.3 CMOD 与挠度的关系

试验中没有直接测量开口梁的挠度，所有构件的挠度数据均基于 DIC 测量的变形数据分析得出。根据试验结果建立了开口梁构件 CMOD 与挠度的关系，如图 3-11 所示。

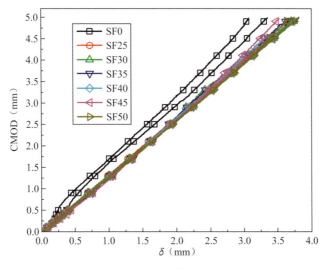

图 3-11 CMOD 与挠度的关系曲线

δ-混凝土梁试件抗弯挠度；CMOD-混凝土梁试件开口张开位移

由图 3-11 可知，CMOD 与挠度基本呈线性关系。

对于素混凝土开口梁构件，在挠度较低的某一阶段，CMOD-挠度曲线出现了弯折。分析得知，这一阶段正好对应于素混凝土开口梁构件荷载-CMOD 曲线从峰值急速下降的阶段，推测这种情况与裂纹的迅速开展有关。

对于含端钩型钢纤维高强混凝土开口梁构件，由于端钩型钢纤维的存在，可以有效避免开口梁构件中裂缝的失稳开展，使得 CMOD 与挠度保持了较好的线性关系。

定义钢纤维含量特征值（λ_f）为钢纤维体积掺量与长径比之积，则 SF0、SF25、SF30、SF35、SF40、SF45、SF50 构件对应的 λ_f 值分别为 0、0.21338、0.25605、0.29873、0.34140、0.38408、0.42675。对含不同端钩型钢纤维掺量的混凝土开口梁构件，分析了其 CMOD 与挠度关系的线性斜率 k（素混凝土取稳定线性段斜率）随 λ_f 的变化规律，如图 3-12 所示。结果表明，随着钢纤维掺量的增加，CMOD 与挠度关系的线性斜率有逐渐减小并趋于稳定的趋势。

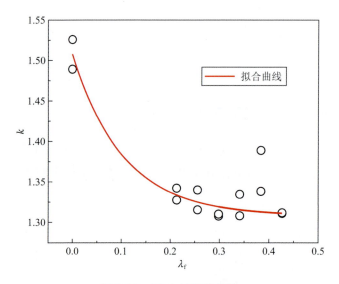

图 3-12 k 与 λ_f 的关系曲线

k – CMOD 与挠度关系的线性斜率；λ_f – 钢纤维含量特征值

图 3-12 中对线性斜率 k 与 λ_f 间的关系进行了拟合（由于 SF45 开口梁构件的斜率数据误差较大，故拟合时予以剔除），拟合结果相符较好。拟合关系式如下：

$$k(\lambda_f) = 0.19979 \cdot e^{-9.56023\lambda_f} + 1.30791$$

3.4.4 能量耗散分析

根据各钢纤维掺量开口梁构件挠度的变化情况，对各构件在挠度分别为 0.5mm、1mm、2mm 和 3mm 时的能量耗散值进行了统计，如图 3-13 所示。

从图 3-13 中可以看出，在同一挠度下，含端钩型钢纤维开口梁构件的能量耗散值显著大于素混凝土，素混凝土开口梁构件的能量耗散值变化不大，含钢纤维开口梁构件的能量耗散值逐渐增加，且能量耗散值随钢纤维掺量的增加而增加。当挠度为 0.5mm 时，SF25 开口梁构件的能量耗散值平均为素混凝土的 3 倍，SF50 则为 4.5 倍；当挠度为 3mm 时，SF25 开口梁构件的能量耗散值平均为素混凝土的 11.9 倍，SF50 则为 19 倍。在挠度从 0.5mm 变化至 3mm 的过程中，SF50 开口梁构件的能量耗散值均值基本为 SF25 构件能量耗散值的 1.55 倍左右。分析表明，钢纤维掺量高的开口梁构件所消耗能量越大，具有更高的抗弯韧性。

为了评价各钢纤维掺量下开口梁构件能量耗散值中钢纤维的贡献，定义相同挠度下钢纤维混凝土开口梁构件能量耗散值与对应素混凝土开口梁构件能量耗散值的差值与构件所含钢纤维质量的比值为耗散比能 e。基于图 3-13 的结果，对含钢纤维开口梁构件的耗散比能 e 在不同挠度下的变化情况进行了分析，如图 3-14 所示。

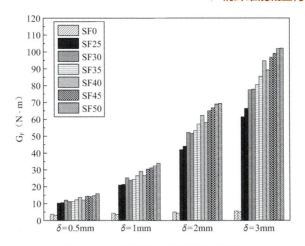

图 3-13　不同挠度下的能量耗散情况

G_F-混凝土开口梁试件抗弯能量耗散值；δ-混凝土开口梁试件抗弯挠度

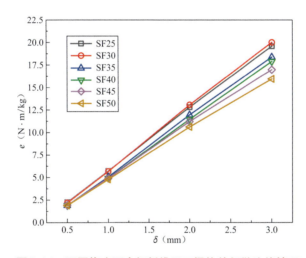

图 3-14　不同挠度下含钢纤维开口梁构件耗散比能情况

e-混凝土开口梁试件耗散比能；δ-混凝土开口梁试件抗弯挠度

由图 3-14 可知，在相同挠度下，SF30 开口梁构件的耗散比能稍大于 SF25 构件，随后随着钢纤维掺量的增加耗散比能逐渐减小，这表明 SF25 和 SF30 开口梁构件均能很好地发挥钢纤维的性能，并以 SF30 构件最优。

3.4.5　裂缝开展情况

利用 DIC 分析软件，对试验过程中各钢纤维掺量下的混凝土开口梁构件在试验过程中的表面变形分布情况进行了分析。由于开口的存在，开口梁构件均在开口位置处产生单条裂缝，并近似呈竖向开展。为了便于直观展示各纤维掺量下开口梁构件中裂缝的开展过程，对开口梁构件达到第一峰值荷载以及挠度分别为 0.1mm、0.25mm、0.5mm、1.5mm、2.5mm、3.5mm 时开口周边的横向应变云图进行了统计，如表 3-3 所示。

开口梁构件在不同阶段的横向应变云图汇总表　　表 3-3

编号	峰值	CMOD = 0.1mm	CMOD = 0.25mm	CMOD = 0.5mm	CMOD = 1.5mm	CMOD = 2.5mm	CMOD = 3.5mm
SF0							
SF25							
SF30							
SF35							
SF40							
SF45							
SF50							

从表 3-3 中可以看出，端钩型钢纤维高强混凝土开口梁构件达到第一峰值荷载时，微裂纹在开口端部就已形成；当 CMOD 从 0.1mm 变化至 0.5mm 时，裂纹得到了充分的开展，在 CMOD 为 0.5mm 时裂纹尖端已相当接近构件上缘，并开始出现肉眼可见的裂缝；当 CMOD 由 0.5mm 变化至 1.5mm 时，裂缝沿主裂缝开展方向持续扩展，此时裂缝高度基本稳定；当 CMOD 由 1.5mm 变化至 3.5mm 时，裂缝高度几乎不变，主要表现为裂缝宽度的增加。端钩型钢纤维高强混凝土开口梁构件大多沿一条主裂缝持续开展，但高纤维掺量混凝土构件则会在主裂缝的附近出现并行开展的另一条裂缝。这主要是因为高掺量端钩型钢纤维有效约束了裂缝的开展，随着主裂缝张开量的增加，钢纤维逐渐将拉伸应力传递到主裂缝周边，当传递的拉伸应力大于周边混凝土的拉伸强度时，则会在主裂缝周边附近形成另一条裂缝。

3.4.6 开裂截面变形分析

在分析 DIC 非接触测量设备所采集的数据时，在开口梁构件表面构建了分析面，并在该分析面上创建了由上到下等间距且平行分布的 9 条 100mm 横向直线段，最下端直线段通过开口上缘，且直线段均沿开口轴对称，可覆盖裂缝开展的整个变形过程，如图 3-15 所示。这些直线段可测量试验过程中线段内的平均应变，并可得出横向应变（ε_h）沿高度的分布规律。

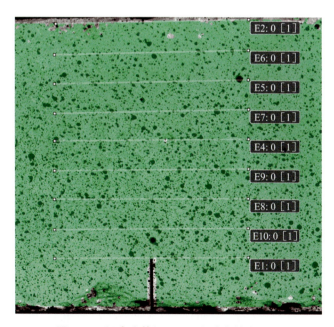

图 3-15　沿高度等间距且平行分布的直线段

根据这 9 条直线段所测得的横向应变结果，可得到不同钢纤维掺量下在第一峰值处以及 CMOD 分别为 0.1mm、0.25mm、0.5mm、1.5mm、2.5mm 和 3.5mm 时横向应变沿高度的分布情况（横向应变以受拉为正、受压为负），如图 3-16 所示。由于 DIC 分析面不能覆盖到开口梁构件的上边缘，故上边缘处的横向应变值采用插值得到。

从图 3-16 中可明显看出，在不同加载时刻各钢纤维掺量下开口梁构件的横向应变均沿高度呈线性分布，这验证了平截面假定在开口梁构件的适用性。

根据图 3-16 的分析结果，对各纤维掺量下的端钩型钢纤维高强混凝土开口梁构件在 CMOD 为 0.1mm、0.25mm、0.5mm、1.5mm、2.5mm 和 3.5mm 时中性轴位置距梁构件上边缘高度 h_0 的变化情况进行了统计，如图 3-17 所示。

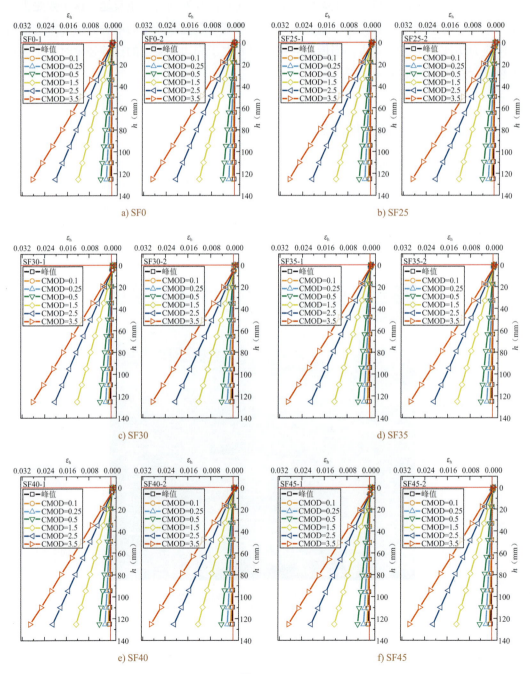

图 3-16

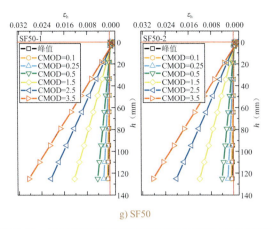

g) SF50

图 3-16 不同钢纤维掺量下横向应变沿高度分布情况

ε_h – 混凝土梁试件横向应变；CMOD – 混凝土梁试件开口张开位移；h – 混凝土梁试件高度

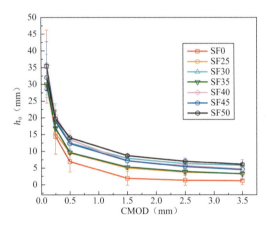

图 3-17 不同钢纤维掺量下中性轴位置距梁构件上边缘高度的变化情况

CMOD – 混凝土梁试件开口张开位移；h_0 – 中性轴位置距梁构件上边缘高度

在图 3-17 中，各钢纤维掺量下开口梁构件均表现出了 h_0 随 CMOD 增加而逐渐减小并趋于稳定的趋势。当 CMOD 从 0.1mm 向 0.5mm 变化时，h_0 呈急速下降趋势，表明裂缝的扩展主要在这个阶段完成；当 CMOD 从 0.5mm 向 3.5mm 变化时，h_0 的变化趋于缓慢，表明此阶段裂缝的扩展逐渐趋于稳定。在相同 CMOD 的情况下，h_0 的值表现出随钢纤维掺量增加而增加的趋势，这说明钢纤维掺量越高，约束裂缝开展的作用就越显著，从而影响中性轴位置的变化。

3.5 端钩型钢纤维高强混凝土弯曲过程分析

3.5.1 拉伸破坏分析

图 3-18 为素混凝土和端钩型钢纤维高强混凝土在单轴拉伸状态下的应力–应变关系

示意图。根据 ABDALLAH 和 DING 对端钩型钢纤维高强混凝土拉伸性能的研究结果，端钩型钢纤维高强混凝土在开裂后的残余变形阶段存在变形强化的情况，图 3-18 中用Ⅰ～Ⅴ表示端钩型钢纤维高强混凝土拉伸时的 5 个不同阶段。而素混凝土在单轴拉伸下表现为明显的脆性。

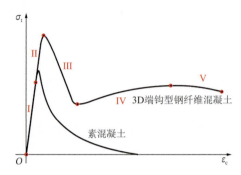

图 3-18　素混凝土与端钩型钢纤维高强混凝土应力-应变关系
σ_t-混凝土单轴拉应力；ε_c-混凝土轴向压应变

Cunha 对平直型钢纤维和端钩型钢纤维的拔出过程进行了深入分析，研究表明：端钩型钢纤维与混凝土基体完全脱黏所需的能量大于相同长度平直型钢纤维所需能量；且在完全脱黏后，端钩的存在导致钢纤维所受拉拔力并没有快速衰减，而是在有了一定的滑移量后依然能维持一定的拉拔力（图 1-3）。

由于钢纤维在混凝土中是均匀乱向分布的，钢纤维仅在穿过开裂面且与开裂面呈一定的夹角时才能有效发挥拉伸约束作用。在单向拉伸情况下，当相同的端钩型钢纤维以不同的角度穿过裂缝时，与开裂面夹角较小的钢纤维容易最先拉拔脱黏，与开裂面相垂直的钢纤维则最后拉拔脱黏，即同一拉伸阶段不同角度钢纤维所处的拉拔状态并不一致。钢纤维混凝土的抗拉性能主要受与开裂面呈某一夹角范围内且数量占优的钢纤维（或称主要作用钢纤维）影响。图 3-18 中，端钩型钢纤维高强混凝土拉伸应力-应变曲线的第Ⅰ阶段为弹性阶段，此时钢纤维与混凝土基体没有发生脱黏；第Ⅱ阶段混凝土开始形成微裂纹，此时主要作用钢纤维正经历图 1-3 中的 AB 和 BC 过程；在第Ⅲ阶段，微裂纹相互贯穿形成宏观裂缝，钢纤维出现滑移，随着变形的增加应力出现显著下降，此时主要作用钢纤维正经历图 1-3 中的 CD 过程；第Ⅳ阶段，随着钢纤维的滑移，峰后应力出现一定增强，增强幅度与主要作用钢纤维数量正相关，此时主要作用钢纤维正经历图 1-3 中的 DE 过程；在Ⅴ阶段，应力随变形增加缓慢下降，此时主要作用钢纤维正经历图 1-3 中的 EF 过程。

3.5.2　弯曲过程分析

基于平截面假定，混凝土梁构件受弯过程中，不同高度处开裂截面周边范围的混凝土处于不同拉/压应力状态。在弯曲加载过程中，梁构件沿高度的应力分布情况能够反映该类型混凝土的拉/压应力-应变关系。由于混凝土的抗压强度远大于其抗拉强度，素混凝土与纯钢纤维混凝土在弯曲受压侧极少被压坏，故可以认为素混凝土与纯钢纤维混凝土的弯曲过程主要受拉伸应力-应变关系影响。

与拉拔过程不同，弯曲过程中受拉侧的主要作用钢纤维所经历的不同拉拔过程同时存在。构件的受拉侧和受压侧需合力相等，且弯矩与荷载相匹配。弯曲过程中伴随着中性轴的上移，受拉侧范围随之增加，而受拉侧合力与拉伸应力-应变关系直接相关，从而决定了开口梁的弯曲荷载-CMOD关系。

图 3-19 展示了素混凝土开口梁与含端钩型钢纤维高强混凝土开口梁的典型荷载-CMOD 关系曲线。基于图 3-18 与试验分析结果绘制了不同荷载阶段开裂截面应力沿高度分布情况示意图，如图 3-20 所示。

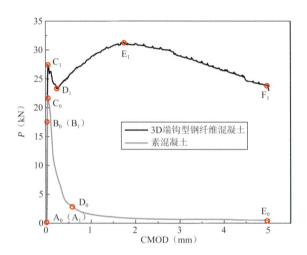

图 3-19 典型荷载-CMOD 关系曲线

P-受弯荷载；CMOD-混凝土梁试件开口张开位移

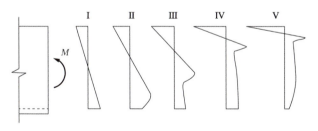

a) 端钩型钢纤维高强混凝土

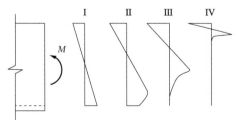

b) 素混凝土

图 3-20 开裂截面应力沿高度分布情况

M-弯矩

根据图 3-19 与图 3-20 对弯曲过程进行分析。

对于素混凝土开口梁，整个弯曲过程可以分为 4 个阶段：

Ⅰ. 弹性阶段（A_0B_0）。该阶段弯曲受压区和受拉区均处于弹性状态，此时中性轴居于截面中间位置，当加载至B_0点时，开口上缘应力达到混凝土抗拉强度。

Ⅱ. 微裂缝扩展阶段（B_0C_0）。该阶段受拉区开始出现微裂缝，微裂缝间未相互贯通，当加载至C_0点时，到达荷载峰值，此时中性轴逐渐上移。

Ⅲ. 宏观裂缝快速扩展阶段（C_0D_0）。该阶段受拉区微裂缝开始相互贯通，并逐渐形成宏观裂缝，中性轴快速上移，开口上缘开始出现肉眼可见的裂缝，由于素混凝土开裂后不传递应力，故在受拉侧拉应力区域上移，拉伸合力与弯矩降低，荷载也随之快速下降。

Ⅳ. 宏观裂缝持续扩展阶段（D_0E_0）。该阶段中性轴位置变化开始趋缓，荷载持续降低，宏观裂缝已接近构件上缘。

对于端钩型钢纤维高强混凝土开口梁，整个弯曲过程可以分为 5 个阶段：

Ⅰ. 弹性阶段（A_1B_1）。该阶段与素混凝土开口梁弯曲Ⅰ阶段相同，钢纤维未发生脱黏。

Ⅱ. 微裂缝扩展阶段（B_1C_1）。受拉区开始出现微裂缝，微裂缝间未相互贯通，中性轴逐渐上移，当加载至C_1点时到达荷载峰值，荷载峰值随钢纤维含量的增加而增加，此时距受拉侧边缘较近的主要作用钢纤维已出现脱黏情况，边缘处主要作用钢纤维开始滑移。

Ⅲ. 裂缝快速扩展阶段（C_1D_1）。该阶段受拉区微裂缝开始相互贯通，中性轴快速上移，拉伸侧主要作用钢纤维大部分在经历图 1-3 中的 CD 和 DE 过程，拉伸合力与弯矩有所降低，荷载也出现一定的下降。

Ⅳ. 变形强化阶段（D_1E_1）。该阶段中性轴位置变化趋缓，开始出现肉眼可见的裂缝，钢纤维逐渐发挥桥接作用，荷载开始逐渐增加，当加载至E_1点时，荷载达到强化峰值，拉伸侧主要作用钢纤维大部分在经历图 1-3 中的 DE 小幅强化过程，荷载–CMOD 曲线的强化程度随钢纤维含量的增加而增加，此时拉伸合力与弯矩有所增加，荷载也随之增加。

Ⅴ. 变形软化阶段（E_1F_1）。该阶段中性轴位置趋于稳定，此时拉伸侧主要作用钢纤维大部分在经历图 1-3 中的 DE 与 EF 过程，钢纤维的桥接作用逐渐减弱，拉伸合力与弯矩有所减弱，荷载开始缓慢降低。

3.6 结论

基于含不同端钩型钢纤维掺量的混凝土梁构件进行的四点弯曲试验和含不同端钩型钢纤维掺量的混凝土开口梁构件的三点弯曲试验，应用 DIC 非接触测量设备以及夹式引伸计测量试验中构件的变形情况，并对试验结果进行了分析，得出主要结论如下：

（1）钢纤维混凝土开口梁构件与素混凝土开口梁构件在抗弯性能上有着显著差异，素混凝土开口梁构件表现出明显的脆性，钢纤维混凝土开口梁构件则表现出优异的抗弯韧性。同时，钢纤维混凝土开口梁构件在经荷载首次到达峰值又短暂下降后，还经历了强化和软化过程，且钢纤维掺量越高，强化作用越明显，强化阶段最大荷载随钢纤维掺量的增加而增加。

（2）不同钢纤维掺量下混凝土开口梁构件 CMOD 与挠度之间基本呈线性关系，且随着端钩型钢纤维掺量的增加，CMOD 与挠度关系的线性斜率有逐渐减小的趋势。

（3）对不同钢纤维掺量构件在挠度分别为 0.5mm、1mm、2mm 和 3mm 时能量耗散值分析可知，在相同挠度下，钢纤维开口梁构件的能量耗散值显著大于素混凝土构件，且端钩型钢纤维掺量高的构件耗能更大，具有更高的韧性。

（4）不同加载时刻、不同钢纤维掺量下，开口梁构件的横向应变均沿高度呈线性分布，表明了平截面假定的适用性。各钢纤维掺量下开口梁构件均表现出中性轴与开口梁上缘距离（h_0）随 CMOD 增加而逐渐减小并趋于稳定的趋势，且在同一 CMOD 值下，h_0 的值表现出随端钩型钢纤维掺量的增加而增加的趋势，这说明了钢纤维掺量越高，约束裂缝开展的作用就越显著，从而影响中性轴位置的变化。

（5）综合文献和试验结果，将素混凝土开口梁弯曲过程分为 4 个阶段（弹性阶段、微裂缝扩展阶段、宏观裂缝快速扩展阶段、宏观裂缝持续扩展阶段），将端钩型钢纤维高强混凝土开口梁弯曲过程分为 5 个阶段（弹性阶段、微裂缝扩展阶段、裂缝快速扩展阶段、变形强化阶段、变形软化阶段）。

第4章 应用损伤模型分析钢纤维混凝土抗弯性能

4.1 引言

混凝土材料在弯曲时以中和轴为界划分为受拉区和受压侧，其弯曲性能主要由拉伸和压缩本构关系共同决定。一般认为，钢纤维的添加对混凝土的抗压性能影响不大，但对混凝土的抗拉性能以及残余抗拉性能影响明显。故在对钢纤维混凝土进行数值分析时，主要需考虑钢纤维对拉伸性能的影响。

本章基于 Willam-Warnke 五参数模型所建立考虑钢纤维掺量影响的损伤模型的计算结果，使用 ABAQUS 有限元数值分析软件，将计算结果导入 CDP 模型中进行数值计算，对钢纤维混凝土开口梁构件的三点弯曲性能与钢纤维混凝土梁构件的四点弯曲性能进行系统性分析，并与钢纤维混凝土开口梁构件的三点弯曲与钢纤维混凝土梁构件四点弯曲的试验结果进行对比，以验证损伤模型在分析抗弯性能方面的可靠性。

4.2 损伤模型优化及拉压本构关系

4.2.1 损伤模型优化

在第 2 章已经指出，损伤准则包含了许多需要确定的材料参数，这些参数的确定需要通过试验获取。另外，第 2 章中主要基于增量法确定损伤值，在用于模拟循环加载中有一定的优势，但在单调加载时会增加计算量，存在一定的不便。为了方便后续的应用，将损伤准则优化为全量形式。

根据式 (2-35)、式 (2-36)，损伤因子可表达为：

$$\varphi_c = 1 - \frac{1}{\left[1 + \dfrac{B_c}{t_c K_{0c}(Y-K_{0c})}\right]^{\frac{1}{p_c}}} \tag{4-1}$$

$$\varphi_t = 1 - \frac{1}{\left[1 + \dfrac{B_t}{t_t K_{0t}}(Y-K_{0t})\right]^{\frac{1}{p_t}}} \tag{4-2}$$

鉴于 B_c、B_t 包含的材料参数较多，故考虑将 B_c/t_c、B_t/t_t 合并为一个参数。在此，令：

$$\xi_c = \frac{t_c}{B_c}, \quad \xi_t = \frac{t_t}{B_t}, \quad q_c = \frac{1}{p_c}, \quad q_t = \frac{1}{p_t} \tag{4-3}$$

式 (4-1)、式 (4-2) 可转变为：

$$\varphi_c = 1 - \frac{1}{\left[1 + \dfrac{1}{\xi_c K_{0c}}(Y-K_{0c})\right]^{q_c}} \tag{4-4}$$

$$\varphi_t = 1 - \frac{1}{\left[1 + \frac{1}{\xi_t K_{0t}}(Y - K_{0t})\right]^{q_t}} \tag{4-5}$$

至此，拉、压损伤因子可由全量表达式直接计算得出，无须迭代计算。经验证，拉、压损伤因子的全量表达与增量表达所得结果一致。

4.2.2 拉压应力-应变关系

为了得到端钩型钢纤维混凝土的力学基本参数，对其进行了单轴抗压试验，本书混凝土试样均基于C60进行配制，如图4-1所示。基于相关文献与规范对 C60 混凝土的测试，未添加钢纤维的 C60 混凝土单轴抗拉强度取为 3MPa。表4-1统计了损伤模型所需的混凝土力学参数、Willam-Warnke 模型的 5 个参数以及对应屈服准则的相关参数。

图 4-1 端钩型钢纤维混凝土单轴抗压试验

损伤模型参数汇总　　　　　　　　　　　　　　　表 4-1

f_{c0}（MPa）	f_{t0}（MPa）	$\overline{E}_0$（GPa）	β_t	a_0	a_1	a_2	b_1	b_2	w	m
60	3	34	0.4	−0.1775	0.7806	0.1763	−3.6278	0.3164	5	30

为了验证端钩型钢纤维的抗弯性能，基于表4-1中的损伤模型参数对端钩型钢纤维混凝土的压缩与拉伸应力-应变关系进行了计算。

4.2.2.1 压缩应力-应变关系

一般认为，钢纤维的掺入对钢纤维混凝土的压缩性能没有显著增强作用，而对抗拉性能有一定的提升作用。故对于压缩曲线，认为所有掺量下的端钩型钢纤维混凝土的压缩性能相同。

基于单轴压缩试验结果，选取压缩损伤参数ξ_c、q_c分别为312.64、0.02，代入损伤模型进行计算，并将所得计算结果与轴心受压试验结果进行对比，如图4-2所示。从图中可以看出，损伤模型计算结果与试验结果符合较好。

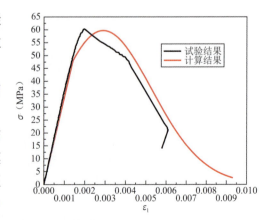

图 4-2 压缩损伤模型计算结果与试验结果对比

σ-混凝土单轴压应力；ε_1-混凝土轴向压应变

4.2.2.2 拉伸应力–应变关系

对于拉伸曲线,在选定基本参数后,确定ξ_t、q_t与λ_f间的相互关系。三者相互关系如下:

$$\xi_t = \frac{1}{0.61659 \times e^{-8.7544\lambda_f} + 0.2048} \tag{4-6}$$

$$q_t = 3.0224 \times 10^{-2} \cdot \xi_t - 5.4669 \times 10^{-3} \tag{4-7}$$

ξ_t、q_t与λ_f间的对应数值见表4-2。

损伤模型拉伸参数　　　　表4-2

试件编号	λ_f	拉伸参数	
		ξ_t	q_t
SF0	0	1.22	1.94×10^{-2}
SF25	0.213376	3.33	3.60×10^{-3}
SF30	0.256051	3.70	2.70×10^{-3}
SF35	0.298726	4.00	2.09×10^{-3}
SF40	0.341401	4.24	1.66×10^{-3}
SF45	0.384076	4.42	1.37×10^{-3}
SF50	0.426752	4.56	1.17×10^{-3}

将表4-2中的参数值代入损伤模型进行计算,所得不同钢纤维掺量的拉伸应力–应变关系如图4-3所示。可以看出,该损伤模型可以反映不同钢纤维掺量对拉伸峰后曲线的影响,且可以反映端钩型钢纤维添加后拉伸峰后曲线的强化特征。

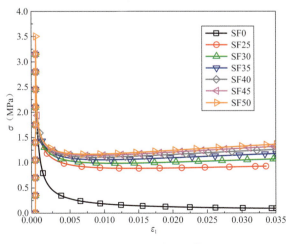

图4-3　拉伸损伤模型计算结果

σ–单轴压应力;ε_1–轴向压应变

4.3 数值分析与验证

使用有限元软件 ABAQUS 分别对端钩型钢纤维混凝土梁构件建立四点弯曲分析模型（图 4-4）、对端钩型钢纤维混凝土开口梁构件建立三点弯曲分析模型（图 4-5），并应用 CDP 模型进行分析。CDP 模型的相关参数取值见表 4-3。模型中使用解析刚体模拟抗弯的支撑与加载压头。混凝土模型尺寸与试验中的尺寸一致，单元使用 C3D8 模拟。模型中支撑及加载压头与混凝土之间使用接触分析，法线方向采用硬接触，切线方向采用罚函数模拟，接触摩擦系数为 0.2。将损伤模型所计算的拉压强度−塑性应变、拉压损伤−塑性应变结果导入 CDP 模型中进行计算。

图 4-4 四点弯曲数值模型

图 4-5 开口梁三点弯曲数值模型

CDP 模型参数　　　　　　　表 4-3

密度（t/m³）	弹性模量（GPa）	泊松比	膨胀角	偏心距	f_{b0}/f_{c0}	体积模量	黏性参数
2.39	34	0.15	38°	0.1	1.16	0.6667	0.0001

4.3.1 四点弯曲数值分析结果

4.3.1.1 应力状态与损伤分析

参照第 3 章中的试验形式，对 SF25、SF30、SF35 与 SF50 梁构件进行了四点弯曲数值分析。根据 ABAQUS 的分析结果，可显示模型在不同加载阶段的应力分布情况以及拉伸损伤演化情况。

表 4-4 为 SF25 梁构件数值模型在四点弯曲的弹性阶段、峰值荷载处以及挠度分别为 0.5mm、1mm、2mm、3mm 处的应力分布与拉伸损伤分布情况。

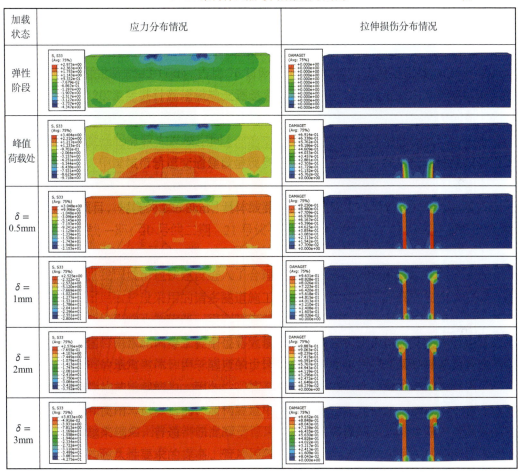

SF25 梁构件四点弯曲数值分析结果　　　　表 4-4

由于弯曲下混凝土的开裂主要由受拉造成，可以认为模型中出现拉伸损伤的位置即为弯曲下的开裂位置。在表 4-4 中，ABAQUS 计算模型下的拉伸损伤分布位置主要集中在两加载压头之间，呈现靠近加载位置的两处镜像相似分布情况的线状条形分布，而没有在加载点正中间出现损伤。

从表 4-4 中可以看出：当 SF25 梁构件在弹性阶段，位于两加载点中间的拉伸与压缩区范围相当，此时未产生拉伸损伤；当 SF25 梁构件在峰值荷载时，两加载点中间的拉伸区范围有所扩大，压缩区范围相应减小，此时拉伸损伤已在两加载点中间产生；当 SF25 梁构件在挠度为 0.5mm 时，两加载点中间的拉伸区范围急速增加，压缩区范围急速减小，此时拉伸损伤已开展至接近压缩区上缘；当 SF25 梁构件挠度分别为 1mm、2mm 和 3mm 时，两加载点中间的拉伸区范围开始随挠度的增加而缓慢扩展，压缩区范围也缓慢减小，拉伸损伤范围变化不大。

表 4-5 为 SF30 梁构件数值模型在四点弯曲的弹性阶段、峰值荷载处以及挠度分别为 0.5mm、1mm、2mm、3mm 处的应力分布与拉伸损伤分布情况。

SF30 梁构件四点弯曲数值分析结果　　　　　　　　　表 4-5

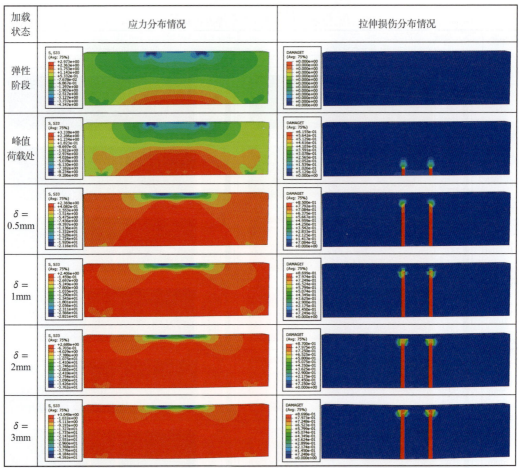

表 4-5 中，SF30 梁构件的拉伸损伤分布位置主要集中在两加载压头之间，并呈现两对称分布的条状。随着加载状态的变化，SF30 梁构件的应力分布与拉伸损伤情况与 SF25 构件基本相似。

表 4-6 为 SF35 梁构件数值模型在四点弯曲的弹性阶段、峰值荷载处以及挠度分别为 0.5mm、1mm、2mm、3mm 处的应力分布与拉伸损伤分布情况。

SF35 梁构件四点弯曲数值分析结果　　　　　　　　　表 4-6

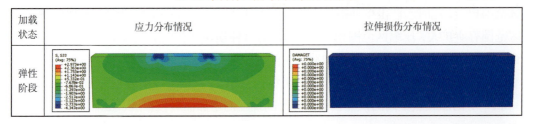

续上表

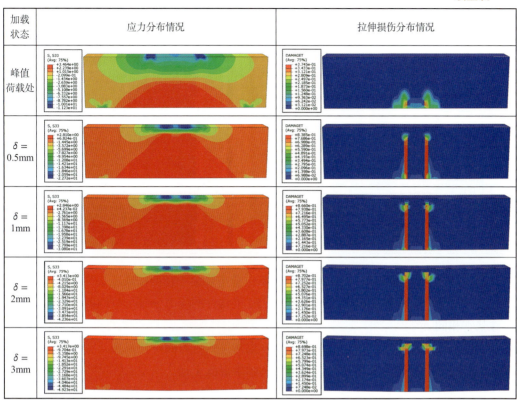

由表4-6可知，SF35梁构件的拉伸损伤分布位置主要集中在两加载压头之间，并呈现两对称分布的条状。随着加载状态的变化，SF35梁构件的应力分布与拉伸损伤情况与前述构件基本相同。

表4-7为SF50梁构件数值模型在四点弯曲的弹性阶段、峰值荷载处以及挠度分别为0.5mm、1mm、2mm、3mm处的应力分布与拉伸损伤分布情况。

SF50梁构件四点弯曲数值分析结果　　　　　　　　　表4-7

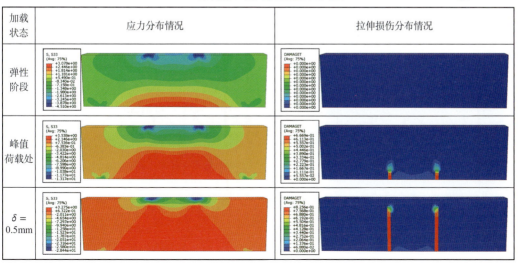

续上表

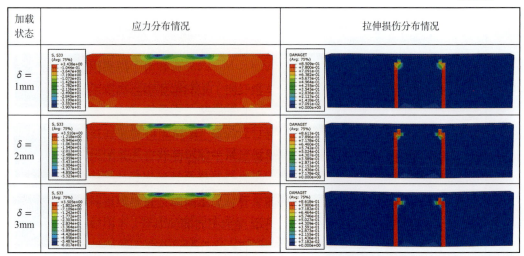

表4-7中，SF50梁构件的拉伸损伤分布位置主要集中在两加载压头之间，并呈现两对称分布的条状。随着加载状态的变化，SF50梁构件的应力分布与拉伸损伤情况与前述构件基本相同。

可以发现，SF25、SF30、SF35与SF50梁构件四点弯曲拉伸损伤开展规律与四点弯曲试验裂缝开展规律大致相同，这也表明钢纤维混凝土损伤模型能够反映钢纤维混凝土构件在四点弯曲下的力学性能。

4.3.1.2 荷载-挠度曲线及开裂截面轴向应力分析

基于ABAQUS的分析结果，可得出相应荷载-挠度曲线，并在曲线中选取6处位置分析对应时刻下出现拉伸损伤位置截面处轴向应力从上到下沿高度方向的分布情况（应力以受压为正、受拉为负）。这6处位置分别为：①弹性阶段；②峰值荷载处；③挠度为0.5mm处；④挠度为1mm处；⑤挠度为2mm处；⑥挠度为3mm处。详细结果如图4-6所示。

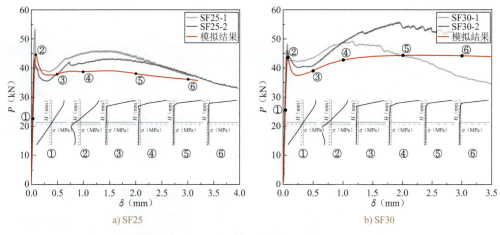

图 4-6

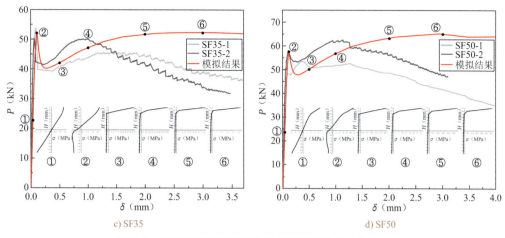

图 4-6 各纤维掺量下不同阶段开裂截面应力分布情况

P-受弯荷载；δ-混凝土梁试件抗弯挠度

从图 4-6 中可以看出，模型所得荷载－挠度曲线与试验结果较为吻合，且四种不同端钩型钢纤维掺量下的混凝土截面轴向应力分布规律基本一致，即：①位置处拉伸段均呈线性分布，压缩段受加载位置的影响稍有弯曲，中和轴处于高度的中间位置，表明此时混凝土拉压侧处于弹性阶段；②位置处受压侧应力近似呈线性分布，受拉侧应力在靠近中和轴位置处呈线性分布，在受拉侧远端位置出现了应力下降，中和轴向受压侧出现了偏移，表明此时受拉侧已出现了微裂纹；③位置处受压侧应力呈线性分布，受压侧仍处于弹性阶段，受拉侧应力在紧邻中和轴位置处有抗拉强度达到峰值的突起，其余部位几乎为残余抗拉强度的线性段，中和轴位置急剧向受压侧偏移，此时受拉侧残余抗拉强度作用占大部分；④位置处受压侧应力近似呈线性分布，上边缘抗压强度未超过抗压强度值，受拉侧应力基本为残余抗拉强度的线性段，中和轴继续向受压侧偏移，此时受拉侧主要受残余抗拉强度作用；⑤和⑥位置处应力的分布情况与④位置处基本相同，中和轴向受压侧进一步偏移。模拟结果的开裂截面应力分布与 Bakhshi 等的研究所推测的开裂截面应力分布较为一致。

图 4-6 中，梁构件在挠度为 0.5mm 时中和轴就已移至接近构件上缘的位置，这与试验所得结果一致。数值模拟结果进一步表明，裂缝的主要发展阶段集中在峰值点到挠度为 0.5mm 之间。

4.3.2 三点弯曲数值分析结果

1）应力状态与损伤分析

参照试验流程，对 SF0、SF25、SF30、SF35、SF40、SF45 与 SF50 开口梁构件进行了三点弯曲数值分析。基于 ABAQUS 的分析，得到了模型在不同加载阶段的应力分布情况以及拉伸损伤演化情况。

表 4-8 中为 SF0 开口梁构件数值模型在三点弯曲的峰值前、峰值荷载处以及 CMOD

分别为 0.5mm、1mm、2mm、3mm 处的应力分布与拉伸损伤分布情况。

SF0 开口梁构件三点弯曲数值分析结果 表 4-8

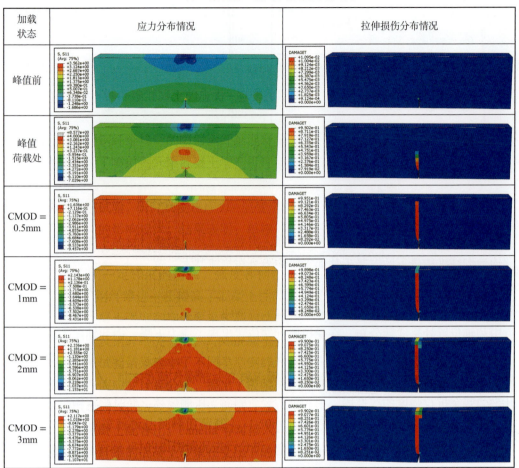

一般认为，数值分析所得的拉伸损伤分布情况可表征混凝土的拉伸开裂情况。在表 4-8 中，对于 SF0 开口梁构件，ABAQUS 计算所得的拉伸损伤主要发生在开口附近，表现为单个竖向条纹。

从表 4-8 中可以看出：当 SF0 开口梁构件在峰值前阶段时，位于开口截面位置处的拉伸区与压缩区范围几乎相当，此时由于应力集中在开口周边小范围有拉伸损伤产生；当 SF0 开口梁构件在峰值荷载时，位于开口截面位置处的拉伸区范围向上延伸，压缩区范围相应缩小，此时拉伸损伤已开展接近开口端部至构件上缘的中间位置；当 SF0 开口梁构件在 CMOD 为 0.5mm 时，位于开口截面位置处的拉伸区范围急速增加，压缩区范围相应急速减小，此时拉伸损伤已开展接近至构件上缘；当 SF0 梁构件 CMOD 为 1mm、2mm 和 3mm 时，两加载点中间的拉伸区范围开始随挠度增加而缓慢扩展，压缩区范围也缓慢减小，拉伸损伤范围变化不大。

表 4-9 为 SF25 开口梁构件数值模型在三点弯曲的峰值前、峰值荷载处以及 CMOD 分别为 0.5mm、1mm、2mm、3mm 处的应力分布与拉伸损伤分布情况。

SF25 开口梁构件三点弯曲数值分析结果　　　　　　　　　表 4-9

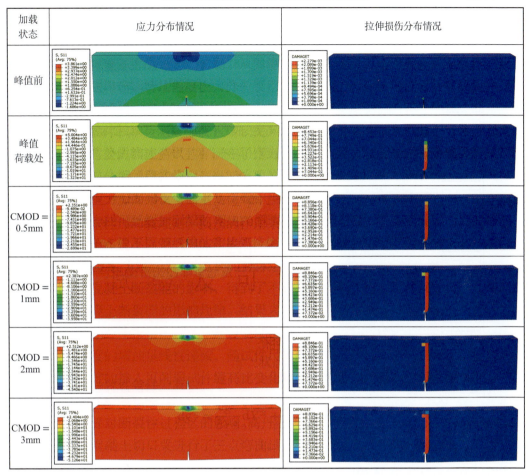

与 SF0 开口梁构件类似，SF25 开口梁构件计算所得的拉伸损伤主要发生在开口附近，表现为单个竖向条纹。随着加载状态的变化，SF25 开口梁构件的应力分布和拉伸损伤规律情况与 SF0 构件大体相同，但在荷载峰值时有所差异。主要因为损伤模型考虑了钢纤维对混凝土拉伸峰后曲线的影响，使得含钢纤维混凝土构件的拉伸峰后强度均大于素混凝土构件，因此含钢纤维开口梁荷载峰值要高于素混凝土，且对应峰值时的拉伸损伤发展程度也较素混凝土高。对比图表 4-8 和表 4-9 可以看出，SF25 开口梁构件在峰值处的拉伸损伤已超过开口端部至构件上缘的中间位置。

表 4-10 为 SF30 开口梁构件数值模型在三点弯曲的峰值前、峰值荷载处以及 CMOD 分别为 0.5mm、1mm、2mm、3mm 处的应力分布与拉伸损伤分布情况。

SF30 开口梁构件三点弯曲数值分析结果　　　　　　　　　表 4-10

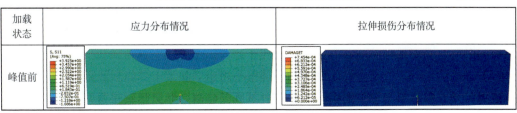

续上表

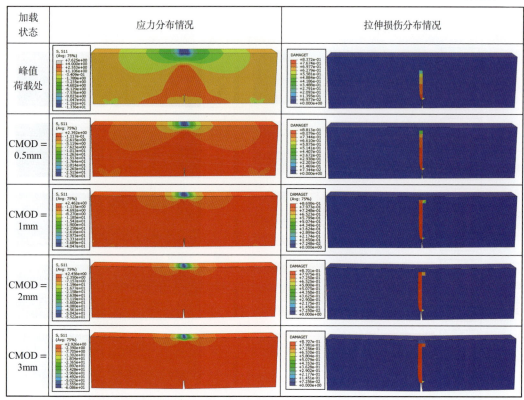

与 SF0、SF25 开口梁构件类似，SF30 开口梁构件计算所得的拉伸损伤主要发生在开口附近，表现为单个竖向条纹。随着加载状态的变化，SF30 开口梁构件的应力分布和拉伸损伤规律情况与 SF25 构件基本相同。

表 4-11 为 SF35 开口梁构件数值模型在三点弯曲的峰值前、峰值荷载处以及 CMOD 分别为 0.5mm、1mm、2mm、3mm 处的应力分布与拉伸损伤分布情况。

SF35 开口梁构件三点弯曲数值分析结果　　　　　　　　　　表 4-11

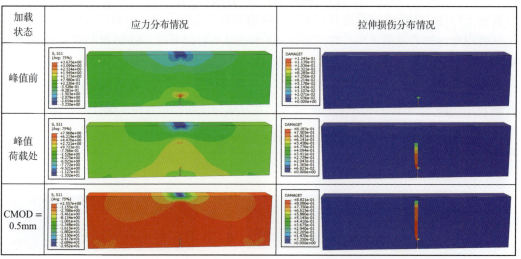

续上表

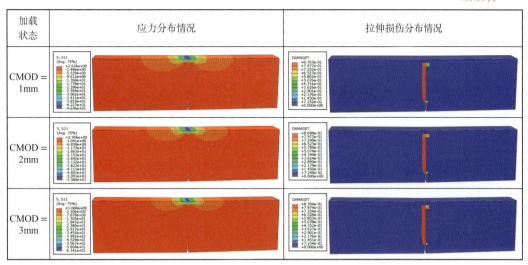

与前述开口梁构件类似，SF35 开口梁构件的拉伸损伤也发生在开口附近，并表现为单个竖向条纹。随着加载状态的变化，SF35 开口梁构件的应力分布和拉伸损伤规律情况与前述含钢纤维开口梁构件基本相同。

表 4-12 为 SF40 开口梁构件数值模型在三点弯曲的峰值前、峰值荷载处以及 CMOD 分别为 0.5mm、1mm、2mm、3mm 处的应力分布与拉伸损伤分布情况。

SF40 开口梁构件三点弯曲数值分析结果　　　　　表 4-12

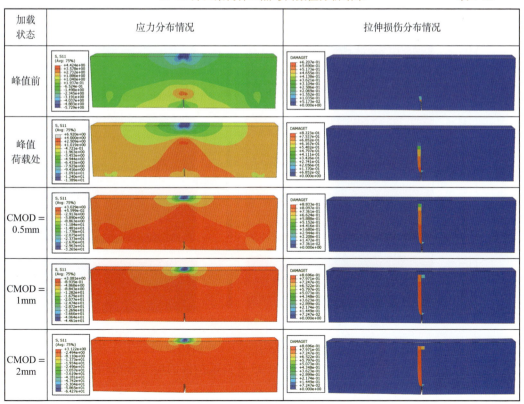

续上表

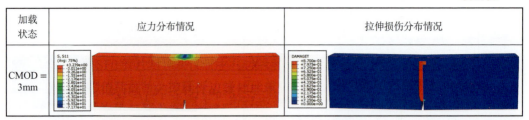

与前述开口梁构件类似，SF40 开口梁构件的拉伸损伤也是发生在开口附近，并表现为单个竖向条纹。随着加载状态的变化，SF40 开口梁构件的应力分布和拉伸损伤规律情况与前述含钢纤维开口梁构件基本相同。

表 4-13 为 SF45 开口梁构件数值模型在三点弯曲的峰值前、峰值荷载处以及 CMOD 分别为 0.5mm、1mm、2mm、3mm 处的应力分布与拉伸损伤分布情况。

SF45 开口梁构件三点弯曲数值分析结果　　　　表 4-13

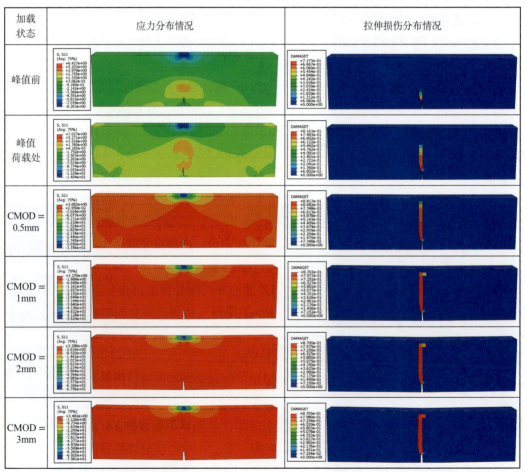

与前述开口梁构件类似，SF45 开口梁构件的拉伸损伤也是发生在开口附近，并表现为单个竖向条纹。随着加载状态的变化，SF45 开口梁构件的应力分布和拉伸损伤规律情况与前述含钢纤维开口梁构件基本相同。

表4-14为SF50开口梁构件数值模型在三点弯曲的峰值前、峰值荷载处以及CMOD分别为0.5mm、1mm、2mm、3mm处的应力分布与拉伸损伤分布情况。

SF50开口梁构件三点弯曲数值分析结果　　　　　　　　　　表4-14

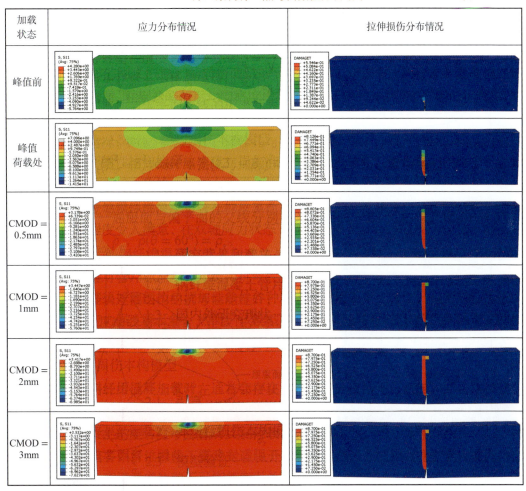

与前述开口梁构件类似，SF50开口梁构件的拉伸损伤也是发生在开口附近，并表现为单个竖向条纹。随着加载状态的变化，SF50开口梁构件的应力分布和拉伸损伤规律情况与前述含钢纤维开口梁构件基本相同。

综上所述，钢纤维混凝土损伤模型能够反映钢纤维混凝土开口梁构件在三点弯曲下的力学性能。

2）荷载-挠度曲线及开裂截面轴向应力分析

基于ABAQUS对各钢纤维混凝土开口梁构件的分析结果，可得出相应荷载-挠度关系曲线，并与试验结果进行对比，在曲线中选取了6处位置分析对应时刻下于开口梁中间开口截面处轴向应力从上到下沿高度方向的分布情况（应力以受压为正、受拉为负）。这6处位置分别对应荷载-挠度曲线的：①峰值前；②峰值荷载处；③挠度为0.5mm处；④挠度为1.5mm处；⑤挠度为2.5mm处；⑥挠度为3.5mm处。详细结果如图4-7所示。

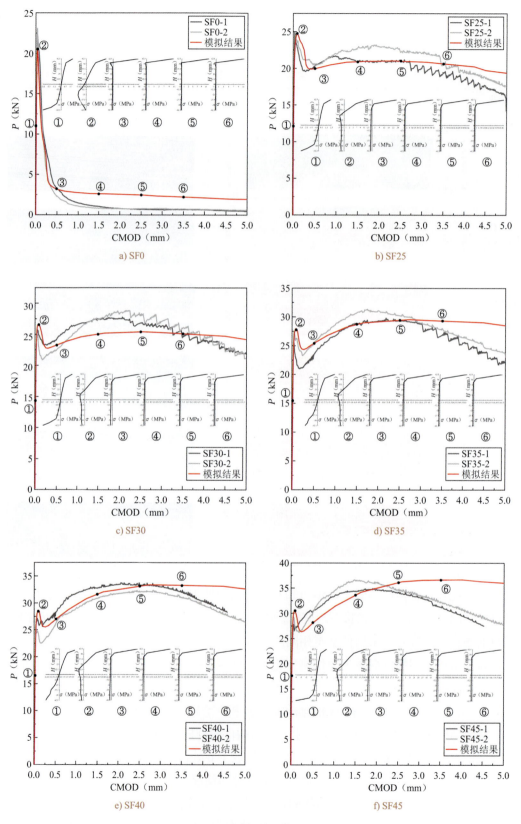

图 4-7

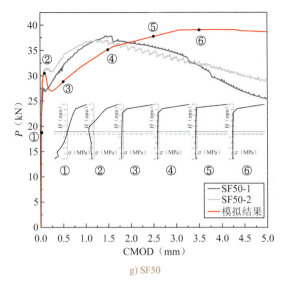

g) SF50

图 4-7 各钢纤维掺量下开口梁构件三点弯曲荷载-挠度关系

P-受弯荷载；CMOD-开口张开位移

从图 4-7 中可以看出，基于损伤模型应用 ABAQUS 分析所得荷载-CMOD 曲线与试验结果吻合度较好。对于含端钩型钢纤维的混凝土开口梁构件开口截面处轴向应力沿高度分布规律大体一致，即：①位置处，由于开口梁构件中间受线性荷载作用，且开口的存在导致了应力集中，使得在荷载到达峰值前开口截面处轴向压应力与开口端部的轴向拉应力偏大，整体轴向应力沿高度的分布近似呈 S 形曲线，此时中和轴处于开口端部至构件上缘高度的中间位置；②位置处由于线性荷载的存在，受压侧轴向应力在距离构件上缘较远处呈线性分布，在距离构件上缘较近处轴向压应力增长幅度较大，受拉侧应力则在靠近中和轴位置处呈线性分布，在拉伸侧距离中和轴一定位置处应力开始下降，中和轴也由之前的开口端部至构件上缘高度的中间位置向受压侧出现了明显偏移，表明此时拉伸侧已出现了微裂纹；③位置处随着受压侧应力的增加，线性荷载作用的影响减小，轴向压应力在高度上呈线性分布，受压侧最大应力未到达抗压强度，受拉侧应力几乎均为残余抗拉强度的线性段，中和轴位置急剧向受压侧偏移，此时受拉侧残余抗拉强度作用占大部分；④位置处受压侧应力近似呈线性分布，上边缘抗压强度未超过抗压强度，受拉侧应力基本为残余抗拉强度的线性段，中和轴向受压侧偏移变缓，此时受拉侧主要受残余抗拉强度作用；⑤和⑥位置处应力分布情况与④位置处基本相同，中和轴向受压侧进一步偏移。对于素混凝土开口梁构件，在①位置处应力沿高度的分布情况与含钢纤维混凝土开口梁构件一致；在②位置处规律也基本相同，但相较含钢纤维混凝土开口梁构件中和轴位置向受压侧偏移量小；③位置处受压侧应力呈线性分布，受压侧仍处于弹性阶段，受拉侧应力在紧邻中和轴位置处有抗拉强度达到峰值的突起，峰后轴向拉应力下降明显，残余段轴向拉应力接近 0，中和轴位置急速向受压侧偏移；④、⑤和⑥位置处的应力分布规律与③位置处基本相同，中和轴位置基本稳定，向受压侧偏移趋缓。由于损伤模型不能模拟应力下降为 0 的情况，计算结果使得素混凝土在开裂后仍然有接近0但不为0的峰后拉伸强度，故在③位置及其后位置处的承载力计算结果偏大。

图4-7中，梁构件在CMOD为0.5mm时中和轴就已移至距构件上缘较近的位置，这与试验所得结果一致。结合数值模拟结果与试验结果表明，开口梁构件三点弯曲下裂缝的主要发展阶段集中在峰值点到CMOD为0.5mm之间。

3）CMOD-挠度数值关系分析

在得到ABAQUS对各钢纤维混凝土开口梁构件三点弯曲的分析结果后，对各钢纤维掺量构件模型的挠度和CMOD数据进行提取，得到不同钢纤维掺量下开口梁构件模型的CMOD-挠度关系，并与试验结果进行对比，如图4-8所示。

从图4-8中可以看出：对于素混凝土开口梁构件CMOD-挠度关系，模型结果为典型的线性，与试验结果有一定的差异；对于含钢纤维混凝土开口梁构件CMOD-挠度关系，模型结果表现出了明显的线性关系，这与试验结果相一致，模型结果与试验结果在挠度约为1.5mm之前重合度较高，在挠度约为1.5mm之后出现分离。

对含不同钢纤维掺量混凝土开口梁模型的CMOD-挠度关系的斜率k与钢纤维含量特征值（λ_f）的关系进行了分析，如图4-9所示。

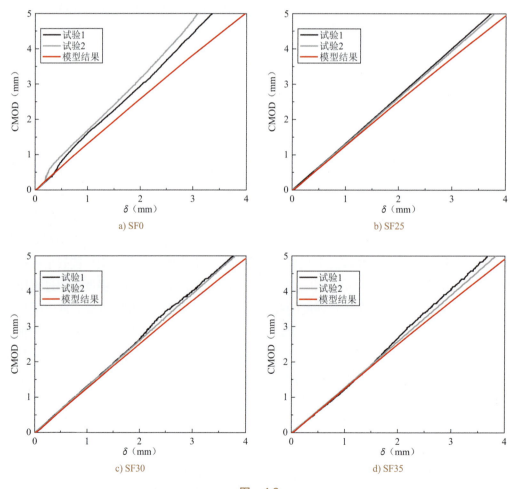

图 4-8

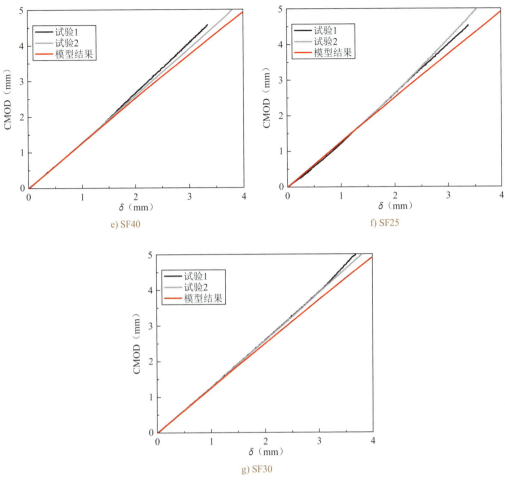

图 4-8 各钢纤维掺量下开口梁构件模型与试验 CMOD-挠度关系对比

CMOD-开口张开位移；δ-抗弯挠度

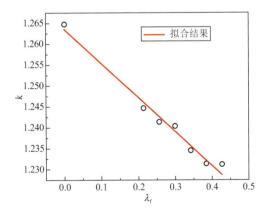

图 4-9 各钢纤维掺量下开口梁构件模型与试验 CMOD-挠度关系对比

k-CMOD 与挠度关系的线性斜率；λ_f-钢纤维含量特征值

从图 4-9 中可以看出，模型计算得出的斜率 k 与 λ_f 呈线性关系，斜率 k 随钢纤维掺量的增加而逐渐减小，这与试验所得趋势一致。

4.4 结论

（1）通过对 4 种钢纤维掺量的混凝土梁数值模型进行四点弯曲数值分析，结果表明：含各钢纤维掺量构件的拉伸损伤分布位置主要集中在两加载压头之间，并呈现两近乎对称分布的条状；随着加载状态的变化，各钢纤维掺量梁构件的应力分布与拉伸损伤情况基本相同；模拟所得荷载-挠度曲线与试验结果较为匹配，且模拟结果与试验结果均显示裂缝在挠度为 0.5mm 时就已得到了充分的开展，模拟结果表明了裂缝的主要发展阶段集中在峰值点到挠度为 0.5mm 之间。

（2）通过对 7 种钢纤维掺量的混凝土开口梁数值模型进行三点弯曲数值分析，结果表明：各钢纤维掺量开口梁构件的拉伸损伤均发生在开口附近，并表现为单个竖向条纹，对应峰值时含钢纤维开口梁构件的拉伸损伤发展程度较素混凝土高；随着加载状态的变化，各钢纤维掺量开口梁构件的应力分布与拉伸损伤规律情况基本相同；基于损伤模型应用 ABAQUS 分析所得荷载-CMOD 曲线与试验结果吻合度较好，对于端钩型钢纤维的混凝土开口梁构件开口截面处轴向应力沿高度分布规律大体一致，素混凝土开口梁构件稍有差异；各钢纤维掺量开口梁构件数值分析下的 CMOD-挠度关系均呈线性关系，线性斜率与钢纤维含量特征值呈线性关系，斜率随钢纤维掺量的增加而逐渐减小，这与试验所得的趋势一致。

（3）不同钢纤维含量的混凝土开口梁构件的三点弯曲和混凝土梁构件的四点弯曲数值分析结果表明，考虑钢纤维影响的混凝土损伤模型能够较好地反映钢纤维混凝土构件的抗弯性能。

第5章 无筋钢纤维混凝土盾构管片抗弯性能

5.1 引言

目前，盾构管片主要以钢筋混凝土管片为主，其在运输和安装中容易破损和开裂，管片的破损和开裂会对隧道的安全性和耐久性产生不利影响，这是盾构法中较棘手但又必须解决的问题。研究表明，掺入钢纤维后的混凝土具有良好的力学性能，能较好地解决开裂问题。

本章根据已验证的基于 Willam-Warnke 五参数模型所建立的考虑钢纤维掺量影响的损伤模型，使用 ABAQUS 有限元数值分析软件，对无筋钢纤维混凝土管片进行数值分析。应用损伤模型对管片标准块进行三点与四点下的正弯与负弯加载分析，主要分析有无手孔与螺栓孔对管片抗弯性能的影响，并分析三点与四点加载下的正弯和负弯的差异；考虑在 8.8 级和 9.8 级弯螺栓的连接下，不同钢纤维掺量对管片标准块与标准块连接结构、左邻接块加封顶块加右邻接块连接结构的抗弯性能的影响；分析在顶推工况下，不同钢纤维掺量的管片标准块、邻接块及封顶块的承载性能。

5.2 管片类型选取

选用深圳地铁常见盾构管片类型，管片环内径为 5.5m，外径为 6.2m，管片壁厚 350mm，环宽 1.5m，采用 3 标准块（圆心角 67.5°）+2 邻接块（圆心角 68.5°）+1 封顶块（圆心角 20.5°）的分块方式，如图 5-1 所示。

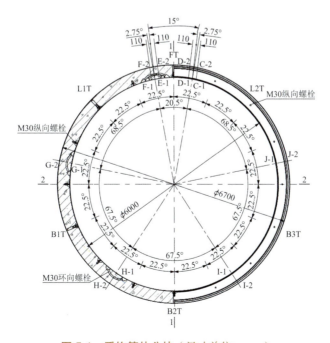

图 5-1 盾构管片分块（尺寸单位：mm）

应用 ABAQUS 有限元数值分析软件，构建管片数值模型，基于损伤模型对该形式无筋钢纤维混凝土盾构管片的标准块抗弯、螺栓接头抗弯以及管片顶推工况下的受力进行数值分析。

5.3 管片标准块抗弯分析

盾构管片抗弯测试是验证管片设计指标的常用方法，同时也是管片在出厂检测时必检项目，常见管片抗弯性能加载装置如图 5-2 所示。

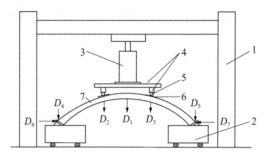

图 5-2 管片抗弯性能加载装置

1-加载反力架；2-活动小车；3-油压千斤顶；4-荷载分配梁；5-加压棒；6-橡胶垫；7-管片；$D_1 \sim D_7$-位移测点

使用 ABAQUS 构建无手孔与螺栓孔和有手孔与螺栓孔的管片标准块实体模型，忽略注浆孔和密封槽，并应用损伤模型对管片标准块进行三点与四点下的正弯与负弯加载分析。

5.3.1 无手孔与螺栓孔管片抗弯性能分析

1) 三点开口梁弯曲

图 5-3 为无手孔与螺栓孔管片标准块三点抗弯加载示意图。按管片标准块的不同受弯加载方式，以内弧面受拉、外弧面受压为正弯加载，内弧面受压、外弧面受拉为负弯加载，并约定受压为正、受拉为负。在应用 ABAQUS 进行模拟分析时，管片标准块模型单元选择 C3D8 单元，正弯与负弯加载下均保持标准块中间加载点作用位置处仅有竖直向下的位移自由度，无其他方向自由度及转动自由度，两支承点处均为简支约束。

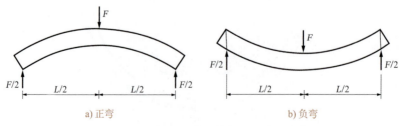

图 5-3 无手孔与螺栓孔管片标准块三点抗弯加载示意图

F-受弯荷载；L-受弯跨度

（1）正弯模拟结果

根据 ABAQUS 对无手孔与螺栓孔管片标准块三点正弯的分析结果，对管片标准块的荷载-挠度曲线、损伤分布情况以及应力分布情况进行了分析。

①荷载-挠度曲线

图 5-4 展示了不同钢纤维掺量无手孔与螺栓孔管片标准块在三点正弯加载下的荷载-挠度曲线。从图 5-4 中可以看出，各钢纤维掺量的无手孔与螺栓孔管片标准块在三点正弯下峰值荷载均大于 175kN，且峰值荷载随钢纤维掺量的增加而增加；在峰值后，各钢纤维掺量的荷载-挠度曲线均经历了下降段，其中以素混凝土管片标准块的荷载下降幅度最大，含钢纤维管片标准块的荷载下降幅度较小；在峰后残余荷载阶段，荷载也有随钢纤维掺量的增加而增加的趋势。

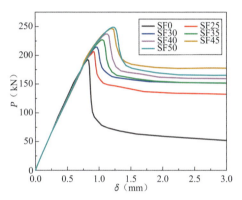

图 5-4　无手孔与螺栓孔管片标准块三点正弯荷载-挠度曲线

P-受弯荷载；δ-抗弯挠度

②损伤开展情况

拉伸损伤在一定程度上可以表征裂缝开展情况，根据 ABAQUS 分析结果，以 SF0 和 SF40 管片标准块为例，分析三点正弯加载下峰值荷载处以及残余荷载段管片的拉伸损伤情况。图 5-5 为三点正弯加载下，SF0 无手孔与螺栓孔管片标准块在挠度为 0.83mm（对应峰值荷载）与 2.03mm 时的拉伸损伤分布情况，以及 SF40 管片标准块在挠度为 1.12mm（对应峰值荷载）与 3.06mm 时的拉伸损伤分布情况。

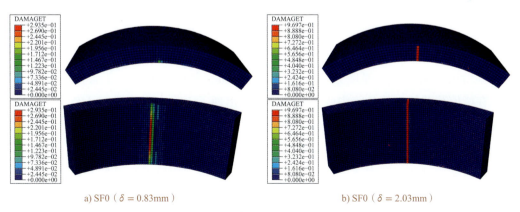

a) SF0（$\delta=0.83$mm）　　　　b) SF0（$\delta=2.03$mm）

图　5-5

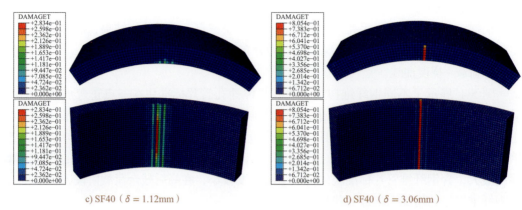

c) SF40（δ = 1.12mm）   d) SF40（δ = 3.06mm）

图 5-5　无手孔与螺栓孔管片标准块三点正弯加载下拉伸损伤开展情况

δ－抗弯挠度

在图 5-5 中，SF0 和 SF40 无手孔与螺栓孔管片标准块在三点正弯加载下，损伤主要发生在位于中间的管片内弧面附近，且跨中处的损伤最大，后续损伤也主要在该处扩展。同时也可看出，管片在荷载到达峰值时就已经出现一定程度的损伤。

③应力分布情况

图 5-6 为三点正弯加载下 SF0 与 SF40 无手孔与螺栓孔管片标准块峰值荷载处以及残余荷载段管片的环向应力分布情况。从图 5-6 中可以看出，管片标准块峰值荷载处环向应力向残余荷载段的演化情况，且在残余荷载段可以明显看出管片标准块跨中处拉伸环向应力向压缩侧有延伸。为了更清楚地了解三点正弯加载下管片应力分布情况，对 SF0 和 SF40 无手孔与螺栓孔管片标准块跨中沿厚度方向的环向应力分布情况进行了分析，并分析了管片标准块在不同加载阶段内、外弧线上的环向应力分布情况。

图 5-7 为无手孔与螺栓孔 SF0 和 SF40 管片标准块三点正弯加载下跨中沿厚度方向的环向应力分布情况，选择对应荷载－挠度曲线的峰前近弹性段、峰值处、峰后荷载快速下降段以及峰后残余荷载段 4 个位置进行了分析。其中，SF0 管片标准块的 4 个位置对应挠度分别为 0.35mm、0.83mm、0.88mm 和 2.03mm，SF40 管片标准块的 4 个位置对应挠度分别为 0.26mm、1.12mm、1.22mm 和 3.06mm。图 5-7 中，跨中厚度 H 方向以内侧指向外侧为正。从图 5-7 中可看出：正弯加载下管片内侧受拉、外侧受压，近弹性阶段环向应力沿厚度方向呈近似线性分布，此时中和轴位于管片厚度中间位置；在峰值荷载处，管片跨中受拉侧环向应力出现了下降，表明损伤已经发生，此时中和轴开始向受压侧偏移；在荷载下降处以及残余荷载段，受拉侧环向应力继续降低，损伤向受压侧扩展，中和轴大幅向受压侧大幅偏移。对于含钢纤维管片，在出现损伤后，弯曲受拉侧环向应力在厚度方向上分布较为稳定，相较于素混凝土有着更高的承载力，具有优秀的抗弯韧性。素混凝土管片在出现损伤后，受拉侧环向应力在厚度方向上下降明显。

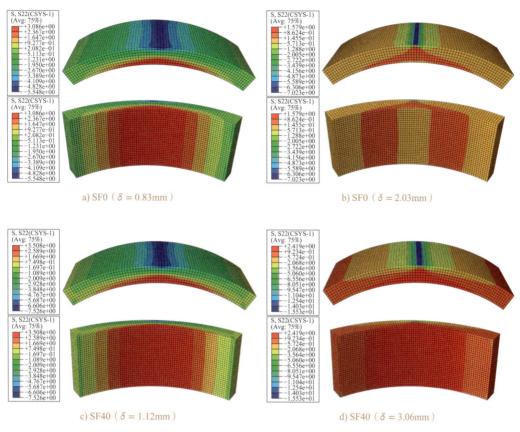

图 5-6 无手孔与螺栓孔管片标准块三点正弯加载下应力分布情况

δ-抗弯挠度

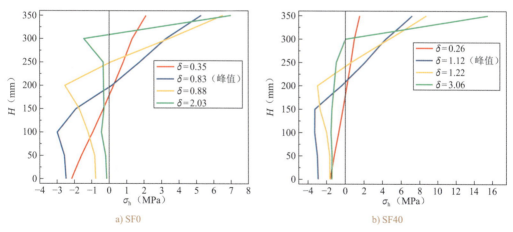

图 5-7 无手孔与螺栓孔管片标准块三点正弯加载下跨中环向应力沿厚度方向分布情况

δ-抗弯挠度；H-跨中厚度；σ_h-跨中环向应力

图 5-8 为三点正弯加载下，无手孔与螺栓孔 SF0、SF40 管片标准块在不同加载阶段内、外弧线上的环向应力分布情况。从图 5-8 中可以看出，在正弯加载下，无手孔与螺栓孔 SF0、SF40 管片标准块内、外弧线上的环向应力基本上呈对称分布，随着内弧线中

间位置拉伸应力的减小，对应外弧线中间位置处的压缩应力随之增加。当加载至残余荷载段时，素混凝土管片内弧线拉伸应力接近于零，而含钢纤维混凝土管片内弧线还具有一定的拉伸应力，此时对应于外弧线中间位置处的压缩应力最大，且素混凝土管片该处的压缩应力值小于含钢纤维混凝土管片。

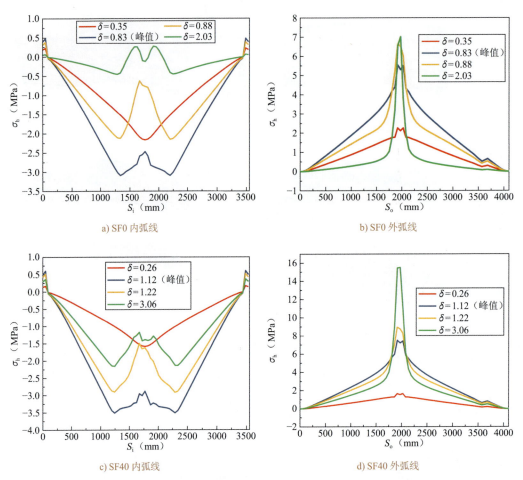

图 5-8 无手孔与螺栓孔管片标准块三点正弯加载下环向应力沿内、外弧线分布情况

δ-抗弯挠度；S_i-管片内弧线距；S_o-管片外弧线距；σ_h-跨中环向应力

（2）负弯模拟结果

根据 ABAQUS 对无手孔与螺栓孔管片标准块三点负弯的分析结果，对管片标准块的荷载-挠度曲线、损伤分布情况以及应力分布情况进行了分析。

①荷载-挠度曲线

图 5-9 展示了不同钢纤维掺量无手孔与螺栓孔管片标准块在三点负弯加载下的荷载-挠度曲线。从图 5-9 中可以看出，各钢纤维掺量的无手孔与螺栓孔管片标准块在三点负弯下峰值荷载均大于 200kN，负弯加载下的荷载-挠度曲线规律与正弯下相同。对比图 5-9 与图 5-4 可知，对于相同钢纤维掺量，无手孔与螺栓孔管片标准块在三点负弯加载下的峰值荷载大于三点正弯下的峰值荷载，且残余荷载段也是如此。

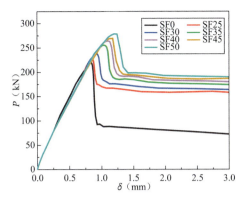

图 5-9 无手孔与螺栓孔管片标准块三点负弯荷载-挠度曲线
P-受弯荷载;δ-抗弯挠度

②损伤开展情况

图 5-10 为三点负弯加载下,SF0 无手孔与螺栓孔管片标准块在挠度为 0.84mm(对应峰值荷载)与 1.84mm 时的拉伸损伤分布情况,以及 SF40 无手孔与螺栓孔管片标准块在挠度为 1.10mm(对应峰值荷载)与 2.69mm 时的拉伸损伤分布情况。

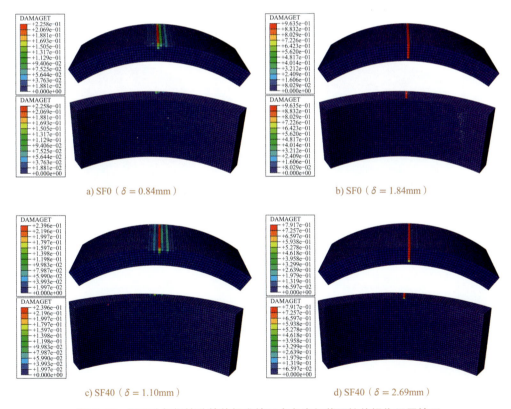

a) SF0(δ = 0.84mm)　　　　b) SF0(δ = 1.84mm)

c) SF40(δ = 1.10mm)　　　　d) SF40(δ = 2.69mm)

图 5-10 无手孔与螺栓孔管片标准块三点负弯加载下拉伸损伤开展情况
δ-抗弯挠度

在图 5-10 中,SF0 和 SF40 无手孔与螺栓孔管片标准块在三点负弯加载下,损伤主要发生在管片外弧面中间位置,且跨中处的损伤最大,后续损伤也主要在该处扩展。同时也可看出,管片在荷载到达峰值时就已经出现一定程度的损伤。

③应力分布情况

图 5-11 为三点负弯加载下 SF0 与 SF40 无手孔与螺栓孔管片标准块峰值荷载处以及残余荷载段管片的环向应力分布情况。从图 5-11 中可以看出,管片标准块峰值荷载处环向应力向残余段的演化情况,且在残余荷载段可以明显看出管片标准块跨中处拉伸环向应力向压缩侧有延伸。同时,分析了 SF0 与 SF40 管片标准块在不同负弯加载阶段内、外弧线上的环向应力分布情况。

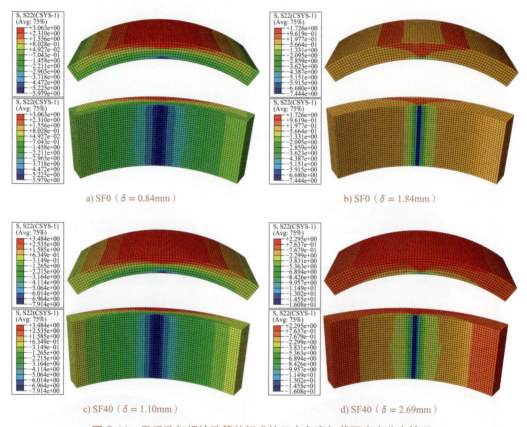

图 5-11 无手孔与螺栓孔管片标准块三点负弯加载下应力分布情况

δ-抗弯挠度

图 5-12 为无手孔与螺栓孔 SF0 和 SF40 管片标准块三点负弯加载下跨中沿厚度方向的环向应力分布情况,选择对应荷载-挠度曲线的峰前近弹性段、峰值处、峰后荷载快速下降段以及峰后残余荷载段 4 个位置进行了分析。其中,SF0 管片标准块的 4 个位置对应的挠度分别为 0.35mm、0.84mm、0.88mm 和 1.84mm,SF40 管片标准块的 4 个位置对应的挠度分别为 0.26mm、1.10mm、1.20mm 和 2.69mm。从图 5-12 中可看出,负弯加载下,管片内侧受压、外侧受拉,近弹性阶段环向应力沿厚度方向呈近似线性分布,此时中和轴位于管片厚度中间位置;在峰值荷载处,管片跨中受拉侧环向应力出现了下降,表明损伤已经发生,此时中和轴开始向受压侧偏移;在荷载下降处以及残余荷载段,受拉侧环向应力继续降低,损伤向受压侧扩展,中和轴向受压侧大

幅偏移。对于含钢纤维混凝土管片，其在出现损伤后，弯曲受拉侧环向应力在厚度方向上分布较为稳定；素混凝土管片在出现损伤后，受拉侧环向应力在厚度方向上下降明显。含钢纤维混凝土管片相较于素混凝土管片有着更高的承载力，具有优秀的抗弯韧性。

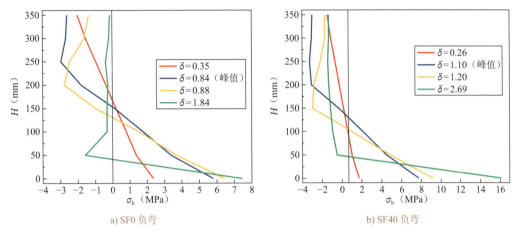

图 5-12　无手孔与螺栓孔管片标准块三点负弯加载下跨中环向应力沿厚度方向分布情况

δ-抗弯挠度；H-跨中厚度；σ_h-跨中环向应力

图 5-13 为三点负弯加载下，无手孔与螺栓孔 SF0、SF40 管片标准块在不同加载阶段内、外弧线上的环向应力分布情况。对比图 5-13 与图 5-8 可知，与正弯加载下相似，负弯加载下无手孔与螺栓孔 SF0、SF40 管片标准块内、外弧线上的环向应力基本上呈对称分布，随着外弧线中间位置拉伸应力的减小，对应内弧线中间位置处的压缩应力随之增加。当加载至残余荷载段时，素混凝土管片外弧线拉伸应力接近于零，而含钢纤维混凝土管片外弧线还具有一定的拉伸应力，此时对应于外弧线中间位置处的压缩应力最大，且素混凝土管片该处的压缩应力值小于含钢纤维混凝土管片。

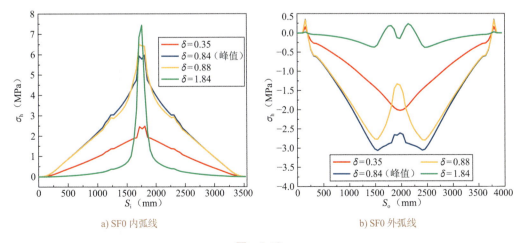

图 5-13

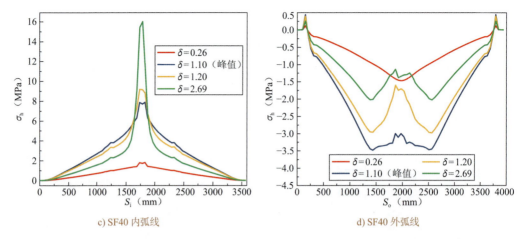

c) SF40 内弧线　　　　　　　　　d) SF40 外弧线

图 5-13　无手孔与螺栓孔管片标准块三点负弯加载下环向应力沿内、外弧线分布情况

δ–抗弯挠度；S_i–管片内弧线距；S_o–管片外弧线距；σ_h–跨中环向应力

2）四点弯曲

图 5-14 为无手孔与螺栓孔管片标准块四点抗弯加载示意图。四点正弯与负弯加载下均保持标准块跨中位置仅有竖直向下的位移自由度，无其他方向自由度及转动自由度，两支承点处均为简支约束。

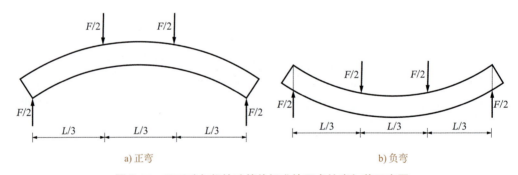

a) 正弯　　　　　　　　　　　　b) 负弯

图 5-14　无手孔与螺栓孔管片标准块四点抗弯加载示意图

F–受弯荷载；L–受弯跨度

（1）正弯模拟结果

根据 ABAQUS 对无手孔与螺栓孔管片标准块四点正弯的分析结果，对管片标准块的荷载–挠度曲线、损伤分布情况以及应力分布情况进行了分析。

①荷载–挠度曲线

图 5-15 为不同钢纤维掺量无手孔与螺栓孔管片标准块在四点正弯加载下的荷载–挠度曲线。从图 5-15 中可以看出，各钢纤维掺量的无手孔与螺栓孔管片标准块在四点正弯下峰值荷载均大于 300kN，峰值荷载与峰后残余荷载随钢纤维掺量的变化规律与三点正弯加载一致；在峰后荷载下降段，素混凝土管片标准块的荷载下降幅度最大，含钢纤维混凝土管片标准块的荷载下降幅度较小。

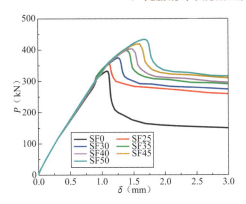

图 5-15　无手孔与螺栓孔管片标准块四点正弯荷载-挠度曲线

P-受弯荷载；δ-抗弯挠度

② 损伤开展情况

图 5-16 为四点正弯加载下，SF0 无手孔与螺栓孔管片标准块在挠度为 1.08mm（对应峰值荷载）与 2.15mm 时的拉伸损伤分布情况，以及 SF40 管片标准块在挠度为 1.48mm（对应峰值荷载）与 2.76mm 时的拉伸损伤分布情况。

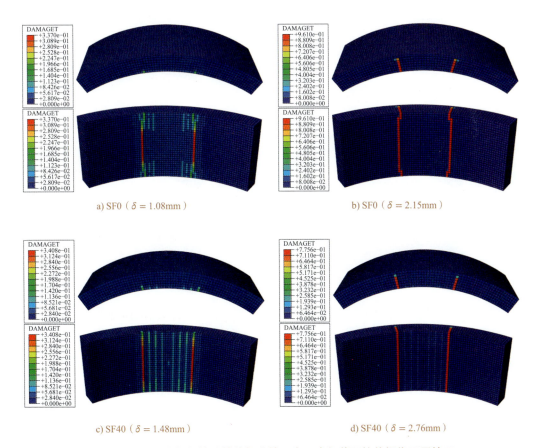

a) SF0（δ = 1.08mm）　　　　b) SF0（δ = 2.15mm）

c) SF40（δ = 1.48mm）　　　　d) SF40（δ = 2.76mm）

图 5-16　无手孔与螺栓孔管片标准块四点正弯加载下拉伸损伤开展情况

δ-抗弯挠度

在图 5-16 中，SF0 和 SF40 无手孔与螺栓孔管片标准块在四点正弯加载下，损伤主要发生在位于两加载点中间的管片内弧面，且在加载点对应的内弧面位置处的损伤最大，后续损伤也主要在该处沿厚度方向扩展，主要表现为以跨中为对称轴的两处拉伸损伤。并且管片在荷载到达峰值时就已经出现一定程度的损伤。

③应力分布情况

图 5-17 为四点正弯加载下 SF0 与 SF40 无手孔与螺栓孔管片标准块峰值荷载处以及残余荷载段管片的环向应力分布情况。从图 5-17 中可以看出管片标准块峰值荷载处环向应力向残余荷载段的演化情况，且在残余荷载段可以明显看出管片标准块在两加载点附近的拉伸环向应力向压缩侧的延伸情况，整体上环向应力呈对称分布。同时，对管片标准块在不同加载阶段内、外弧线上的环向应力分布情况进行了分析。

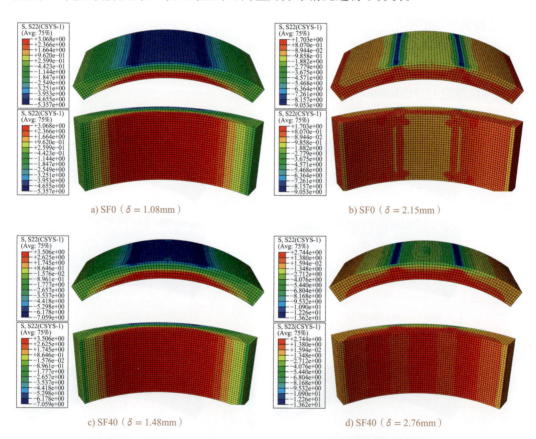

a) SF0（δ = 1.08mm）　　　　b) SF0（δ = 2.15mm）

c) SF40（δ = 1.48mm）　　　　d) SF40（δ = 2.76mm）

图 5-17　无手孔与螺栓孔管片标准块四点正弯加载下应力分布情况

δ-抗弯挠度

图 5-18 为无手孔与螺栓孔 SF0 和 SF40 管片标准块四点正弯加载下跨中处沿厚度方向的环向应力分布情况，选择对应荷载-挠度曲线的峰前近弹性段、峰值处、峰后荷载快速下降段以及峰后残余荷载段 4 个位置进行了分析。其中，SF0 管片标准块的 4 个位置对应的挠度分别为 0.31mm、1.08mm、1.47mm 和 2.15mm，SF40 管片标准块的 4 个位置对应的挠度分别为 0.31mm、1.48mm、1.57mm 和 2.76mm。从图 5-18

中可看出，正弯加载下，管片内侧受拉、外侧受压。由于跨中位置不是损伤的主要开展位置，该处的损伤程度相对较低，其环向应力主要受损伤开展处的应力情况影响。在近弹性阶段，跨中环向应力沿厚度方向呈线性分布，此时该处中和轴位于管片厚度中间位置；在峰值荷载处，受损伤开展处的应力情况影响，管片跨中受拉侧环向应力出现了一定程度的卸载，该处中和轴向受压侧出现了稍许偏移；在荷载下降处以及残余荷载段，受损伤开展处的应力情况影响，跨中受拉侧环向应力相应降低，中和轴向受压侧有少许偏移，表明损伤程度有一定增加。对于含钢纤维混凝土管片，弯曲受拉侧环向应力在厚度方向上分布较为稳定，相较于素混凝土管片有着更高的承载力，具有优秀的抗弯韧性。素混凝土管片在出现损伤后，受拉侧环向应力在厚度方向上下降明显。

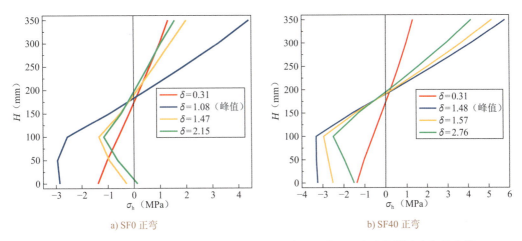

a) SF0 正弯 b) SF40 正弯

图 5-18 无手孔与螺栓孔管片标准块四点正弯加载下跨中环向应力沿厚度方向分布情况

δ-抗弯挠度；H-跨中厚度；σ_h-跨中环向应力

图 5-19 为四点正弯加载下，无手孔与螺栓孔 SF0、SF40 管片标准块在不同加载阶段内、外弧线上的环向应力分布情况。从图 5-19 中可以看出，在四点正弯加载下，无手孔与螺栓孔 SF0、SF40 管片标准块内、外弧线上的环向应力基本上呈对称分布。在图 5-19a) 和图 5-19c) 中，伴随着两处拉伸损伤位置处的损伤开展，该处在内弧线处的应力有明显下降，位于两处拉伸损伤位置中间的拉伸环向应力要大于损伤位置处的拉伸环向应力，这主要是因为在两处拉伸损伤位置中间处的损伤程度较低，中间位置环向应力沿厚度方向的分布与拉伸损伤处有所不同，损伤处的中和轴向受压侧有较大偏移，而中间位置的中和轴基本上没太大变化，由于四点加载下的等弯矩效应，使得损伤开展处内弧线的拉伸环向应力要小于中间位置，相应损伤开展处外弧线上的压缩环向应力要大于中间位置。当处于残余荷载段时，素混凝土管片内弧线拉伸应力处于零附近，而含钢纤维混凝土管片内弧线还具有一定的拉伸应力，此时对应于外弧线损伤位置处的压缩环向应力最大，且素混凝土管片该处的压应力值小于含钢纤维混凝土管片。

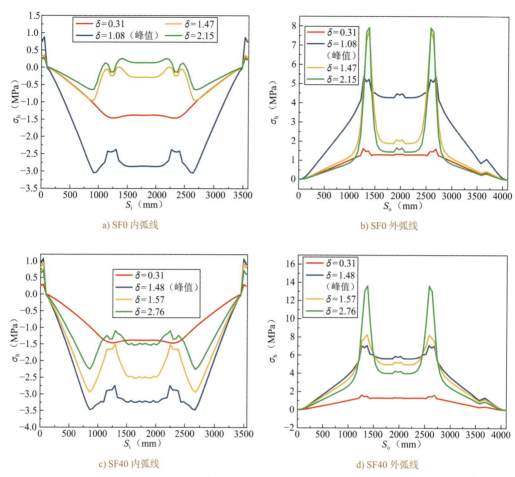

图 5-19 无手孔与螺栓孔管片标准块四点正弯加载下环向应力沿内、外弧线分布情况

δ-抗弯挠度；S_i-管片内弧线距；S_o-管片外弧线距；σ_h-跨中环向应力

（2）负弯模拟结果

根据 ABAQUS 对无手孔与螺栓孔管片标准块四点负弯的分析结果，对管片标准块的荷载-挠度曲线、损伤分布情况以及应力分布情况进行了分析。

①荷载-挠度曲线

图 5-20 展示了不同钢纤维掺量无手孔与螺栓孔管片标准块在四点负弯加载下的荷载-挠度曲线。从图 5-20 中可以看出，各钢纤维掺量的无手孔与螺栓孔管片标准块在四点负弯下峰值荷载均大于 350kN，负弯加载下的荷载-挠度曲线规律与正弯下相同。对比图 5-20 与图 5-15 可知，对于相同钢纤维掺量，无手孔与螺栓孔管片标准块在四点负弯加载下的峰值荷载大于四点正弯下的峰值荷载，且残余荷载段也是如此。

②损伤开展情况

图 5-21 为四点负弯加载下，SF0 无手孔与螺栓孔管片标准块在挠度为 1.11mm（对应峰值荷载）与 2.23mm 时的拉伸损伤分布情况，以及 SF40 管片标准块在挠度为 1.57mm（对应峰值荷载）与 3.18mm 时的拉伸损伤分布情况。

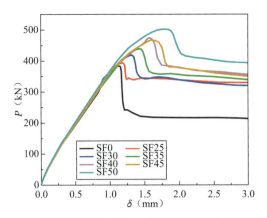

图 5-20 无手孔与螺栓孔管片标准块四点负弯荷载-挠度曲线

P-受弯荷载；δ-抗弯挠度

在图 5-21 中，SF0 和 SF40 无手孔与螺栓孔管片标准块在四点正弯加载下，损伤主要发生在位于两加载点中间的管片外弧面，且在加载点对应的外弧面位置处的损伤最大，后续损伤也主要在该处沿厚度方向扩展，主要表现为以跨中为对称轴的两处拉伸损伤。并且管片在荷载到达峰值时就已经出现一定程度的损伤。

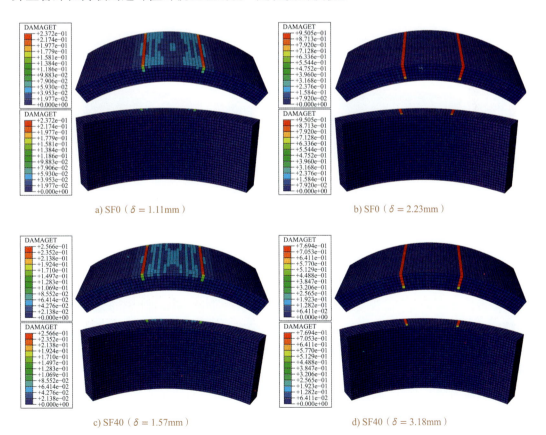

a) SF0（$\delta = 1.11$mm）　　b) SF0（$\delta = 2.23$mm）

c) SF40（$\delta = 1.57$mm）　　d) SF40（$\delta = 3.18$mm）

图 5-21 无手孔与螺栓孔管片标准块四点负弯加载下拉伸损伤开展情况

δ-抗弯挠度

③应力分布情况

图 5-22 为四点负弯加载下 SF0 与 SF40 无手孔与螺栓孔管片标准块峰值荷载处以及残余段管片的环向应力分布情况。从图 5-22 中可以看出，管片标准块峰值荷载处环向应力向残余段的演化情况，且在残余荷载段可以明显看出管片标准块在两加载点附近的拉伸环向应力向压缩侧的延伸情况，整体上环向应力呈对称分布。同时，对管片标准块在不同加载阶段内、外弧线上的环向应力分布情况进行了分析。

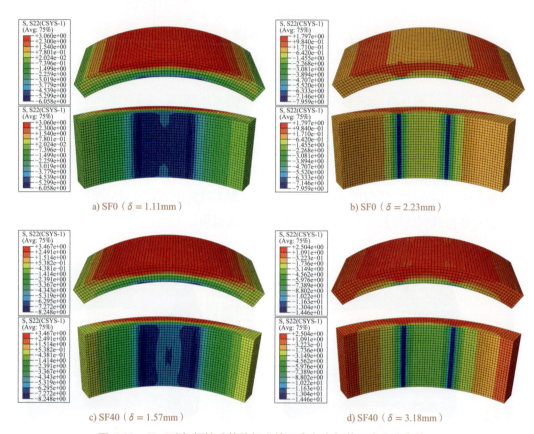

a) SF0（$\delta = 1.11$mm）　　b) SF0（$\delta = 2.23$mm）

c) SF40（$\delta = 1.57$mm）　　d) SF40（$\delta = 3.18$mm）

图 5-22　无手孔与螺栓孔管片标准块四点负弯加载下应力分布情况
δ—抗弯挠度

图 5-23 为无手孔与螺栓孔 SF0 和 SF40 管片标准块四点负弯加载下跨中处沿厚度方向的环向应力分布情况，选择对应荷载–挠度曲线的峰前近弹性段、峰值处、峰后荷载快速下降段以及峰后残余荷载段 4 个位置进行了分析。其中，SF0 管片标准块的 4 个位置对应挠度分别为 0.29mm、1.11mm、1.21mm 和 2.23mm，SF40 管片标准块的 4 个位置对应挠度分别为 0.29mm、1.57mm、1.69mm 和 3.18mm。从图 5-23 中可以看出，负弯加载下管片外侧受拉、内侧受压。由于跨中位置不是损伤的主要开展位置，其环向应力主要受损伤开展处的应力情况影响。除拉、压侧位置不同外，四点负弯加载下无手孔与螺栓孔管片标准块的跨中环向应力沿厚度方向的分布规律与四点正弯加载下的情况基本一致。

图 5-24 为四点负弯加载下，无手孔与螺栓孔 SF0、SF40 管片标准块在不同加载阶段内、外弧线上的环向应力分布情况。从图 5-24 中可以看出，在四点负弯加载下，无手孔

与螺栓孔 SF0、SF40 管片标准块内、外弧线上的环向应力也基本上呈对称分布。除拉、压侧位置不同外，四点负弯加载下无手孔与螺栓孔管片标准块内、外弧线上的环向应力在不同加载阶段的分布规律与四点正弯加载下的情况基本一致。

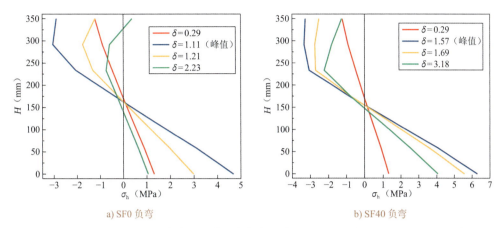

a) SF0 负弯   b) SF40 负弯

图 5-23　无手孔与螺栓孔管片标准块四点负弯加载下跨中环向应力沿厚度方向分布情况

δ－抗弯挠度；H－跨中厚度；σ_h－跨中环向应力

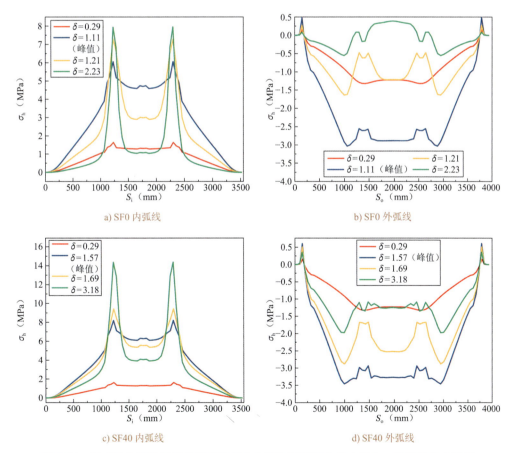

a) SF0 内弧线   b) SF0 外弧线

c) SF40 内弧线   d) SF40 外弧线

图 5-24　无手孔与螺栓孔管片标准块四点负弯加载下环向应力沿内、外弧线分布情况

δ－抗弯挠度；S_i－管片内弧线距；S_o－管片外弧线距；σ_h－跨中环向应力

5.3.2 考虑手孔与螺栓孔管片抗弯性能分析

1）三点开口梁弯曲

图 5-25 为考虑手孔与螺栓孔管片标准块三点抗弯加载示意图。在应用 ABAQUS 进行模拟分析时，管片标准块模型单元选择 C3D8 单元，正弯与负弯加载下均保持标准块中间加载点作用位置处仅有竖直向下的位移自由度，无其他方向自由度及转动自由度，两支承点处均为简支约束。

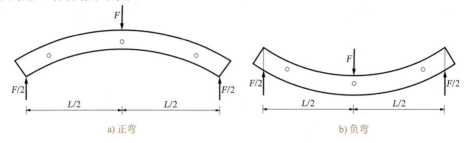

a）正弯　　　　　　　　　　b）负弯

图 5-25　考虑手孔与螺栓孔管片标准块三点抗弯加载示意图

F–受弯荷载；L–受弯跨度

（1）正弯模拟结果

根据 ABAQUS 对考虑手孔与螺栓孔管片标准块三点正弯的分析结果，对管片标准块的荷载–挠度曲线、损伤分布情况以及应力分布情况进行了分析。

①荷载–挠度曲线

图 5-26 为不同钢纤维掺量考虑手孔与螺栓孔管片标准块在三点正弯加载下的荷载–挠度关系曲线。从图 5-26 中可以看出，各钢纤维掺量的考虑手孔与螺栓孔管片标准块在三点正弯下峰值荷载均大于 150kN，且峰值荷载随钢纤维掺量的增加而增加；在峰值后，各钢纤维掺量的荷载–挠度曲线均经历了下降段，其中以素混凝土管片标准块的荷载下降幅度最大，含钢纤维混凝土管片标准块的荷载下降幅度较小；在峰后残余荷载阶段，荷载也有随钢纤维掺量的增加而增加的趋势。

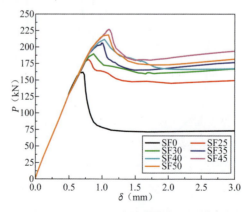

图 5-26　考虑手孔与螺栓孔管片标准块三点正弯荷载–挠度曲线

P–受弯荷载；δ–抗弯挠度

②损伤开展情况

图 5-27 为三点正弯加载下,SF0 考虑手孔与螺栓孔管片标准块在挠度为 0.71mm(对应峰值荷载)与 2.24mm 时的拉伸损伤分布情况,以及 SF40 管片标准块在挠度为 1.03mm(对应峰值荷载)与 2.83mm 时的拉伸损伤分布情况。

在图 5-27 中,考虑手孔与螺栓孔的 SF0 和 SF40 管片标准块在三点正弯加载下,损伤主要发生在位于中间的管片内弧面跨中处附近。从图 5-27 中可以看出,在考虑手孔与螺栓孔的情况下,跨中手孔位置对损伤分布有着明显影响,在管片宽度方向上,跨中两手孔的中间沿手孔边缘形成了两条损伤带。同时也可看出,管片在荷载到达峰值时就已经出现一定程度的损伤。

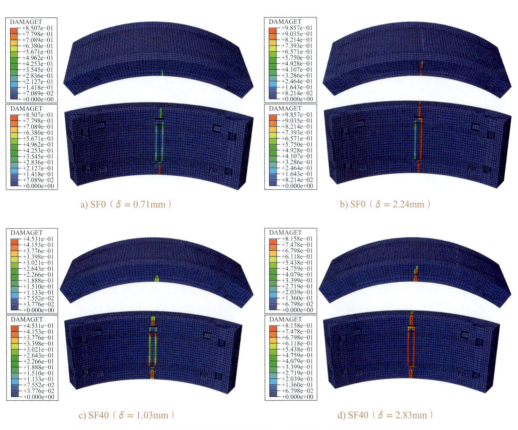

a) SF0($\delta = 0.71$mm)　　b) SF0($\delta = 2.24$mm)

c) SF40($\delta = 1.03$mm)　　d) SF40($\delta = 2.83$mm)

图 5-27　考虑手孔与螺栓孔管片标准块三点正弯加载下拉伸损伤开展情况
δ-抗弯挠度

③应力分布情况

图 5-28 为三点正弯加载下考虑手孔与螺栓孔 SF0 与 SF40 管片标准块峰值荷载处以及残余荷载段管片的环向应力分布情况。从图 5-28 中可以看出管片标准块峰值荷载处环向应力向残余荷载段的演化情况,且在残余荷载段可以明显看出管片标准块跨中处拉伸环向应力向压缩侧的延伸情况。同时,对考虑手孔与螺栓孔 SF0 和 SF40 管片标准块跨中沿厚度方向的环向应力分布情况进行了分析,并分析了管片标准块在不同加载阶段内、外弧线上的环向应力分布情况。

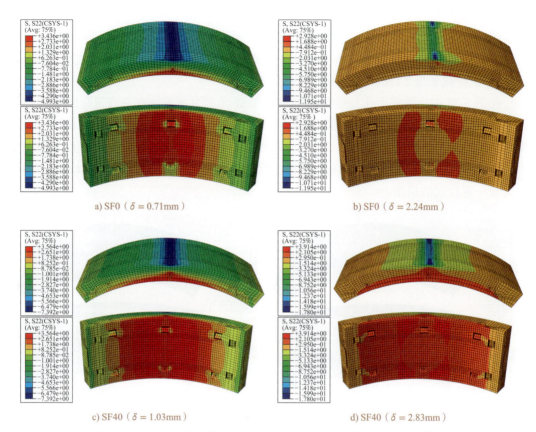

图 5-28 考虑手孔与螺栓孔管片标准块三点正弯加载下应力分布情况

δ-抗弯挠度

图 5-29 为考虑手孔与螺栓孔 SF0 和 SF40 管片标准块三点正弯加载下跨中沿厚度方向的环向应力分布情况，选择对应荷载-挠度曲线的峰前近弹性段、峰值处、峰后荷载快速下降段以及峰后残余段 4 个位置进行了分析。其中，SF0 管片标准块的 4 个位置对应挠度分别为 0.36mm、0.71mm、0.77mm 和 2.24mm，SF40 管片标准块的 4 个位置对应挠度分别为 0.36mm、1.03mm、1.27mm 和 2.83mm。从图 5-29 中可看出，正弯加载下管片内侧受拉、外侧受压，近弹性阶段环向应力沿厚度方向呈近似线性分布，此时中和轴位于管片厚度中间位置；在峰值荷载处，管片跨中受拉侧环向应力出现了下降，表明损伤已经发生，此时中和轴开始向受压侧偏移；在荷载下降处以及残余荷载段，受拉侧环向应力继续降低，损伤向受压侧扩展，中和轴大幅向受压侧大幅偏移。对于含钢纤维管片，在出现损伤后，弯曲受拉侧环向应力在厚度方向上分布较为稳定，相较于素混凝土有着更高的承载力。素混凝土管片在出现损伤后，受拉侧环向应力在厚度方向上下降明显。

图 5-30 为三点正弯加载下，考虑手孔与螺栓孔 SF0、SF40 管片标准块在不同加载阶段内、外弧线上的环向应力分布情况。从图 5-30 中可以看出，在正弯加载下，考虑手孔与螺栓孔 SF0、SF40 管片标准块内、外弧线上的环向应力呈近似对称分布，随着内弧线中间位置拉伸应力的减小，对应外弧线中间位置处的压缩应力随之增加。当加载至残余荷载段时，素混凝土管片内弧线拉伸应力接近于零，而含钢纤维混凝土管片内弧线还具

有一定的拉伸应力，此时对应于外弧线中间位置处的压缩应力最大，且素混凝土管片该处的压缩应力值小于含钢纤维混凝土管片。

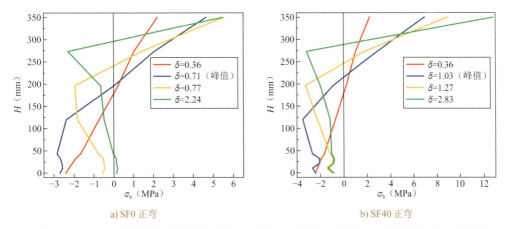

a) SF0 正弯 　　　　　　　　　　b) SF40 正弯

图 5-29　考虑手孔与螺栓孔管片标准块三点正弯加载下跨中环向应力沿厚度方向分布情况

δ-抗弯挠度；H-跨中厚度；σ_h-跨中环向应力

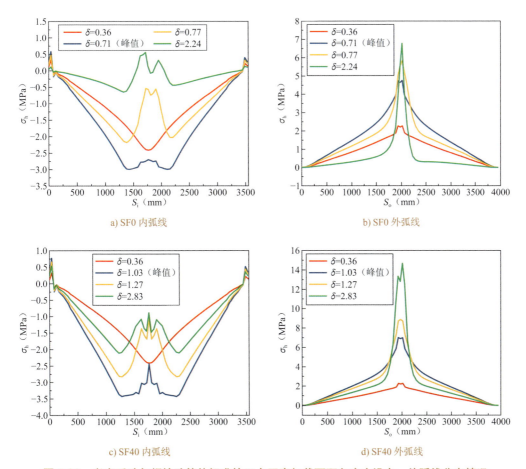

a) SF0 内弧线 　　　　　　　　　　b) SF0 外弧线

c) SF40 内弧线 　　　　　　　　　　d) SF40 外弧线

图 5-30　考虑手孔与螺栓孔管片标准块三点正弯加载下环向应力沿内、外弧线分布情况

δ-抗弯挠度；S_i-管片内弧线距；S_o-管片外弧线距；σ_h-跨中环向应力

（2）负弯模拟结果

根据 ABAQUS 对考虑手孔与螺栓孔管片标准块三点负弯的分析结果，对管片标准块的荷载－挠度曲线、损伤分布情况以及应力分布情况进行了分析。

① 荷载－挠度曲线

图 5-31 展示了不同钢纤维掺量考虑手孔与螺栓孔管片标准块在三点负弯加载下的荷载－挠度曲线。从图 5-31 中可以看出，各钢纤维掺量的考虑手孔与螺栓孔管片标准块在三点负弯下峰值荷载均大于 175kN，负弯加载下的荷载－挠度曲线规律与正弯下相同。对比图 5-31 与图 5-26 可知，对于相同钢纤维掺量，考虑手孔与螺栓孔管片标准块在三点负弯加载下的峰值荷载大于三点正弯下的峰值荷载，且残余荷载段也是如此。

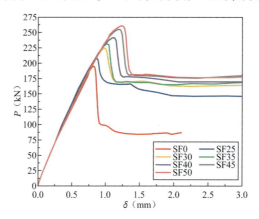

图 5-31 考虑手孔与螺栓孔管片标准块三点负弯荷载－挠度曲线

P－受弯荷载；δ－抗弯挠度

② 损伤开展情况

图 5-32 为三点负弯加载下，SF0 考虑手孔与螺栓孔管片标准块在挠度为 0.82mm（对应峰值荷载）与 2.00mm 时的拉伸损伤分布情况，以及 SF40 管片标准块在挠度为 1.11mm（对应峰值荷载）与 3.07mm 时的拉伸损伤分布情况。

在图 5-32 中，SF0 和 SF40 考虑手孔与螺栓孔管片标准块在三点负弯加载下，损伤主要发生在位于管片外弧面中间位置。受跨中手孔的影响，在管片宽度方向上中间存在两条损伤带。同时也可看出，管片在荷载到达峰值时就已经出现一定程度的损伤。

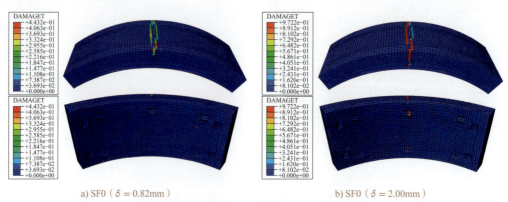

a) SF0（δ = 0.82mm）   b) SF0（δ = 2.00mm）

图 5-32

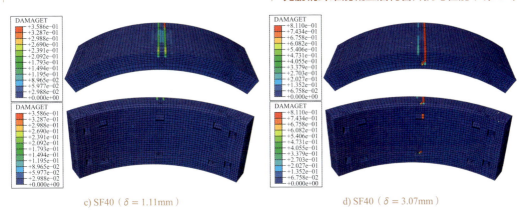

c) SF40（δ = 1.11mm）   d) SF40（δ = 3.07mm）

图 5-32 考虑手孔与螺栓孔管片标准块三点负弯加载下拉伸损伤开展情况

δ—抗弯挠度

③应力分布情况

图 5-33 为三点负弯加载下 SF0 与 SF40 考虑手孔与螺栓孔管片标准块峰值荷载处以及残余段管片的环向应力分布情况。从图 5-33 中可以看出，管片标准块峰值荷载处环向应力向残余段的演化情况，且在残余段可以明显看出管片标准块跨中处拉伸环向应力向压缩侧的延伸情况。并分析了 SF0 与 SF40 管片标准块在不同负弯加载阶段内、外弧线上的环向应力分布情况。

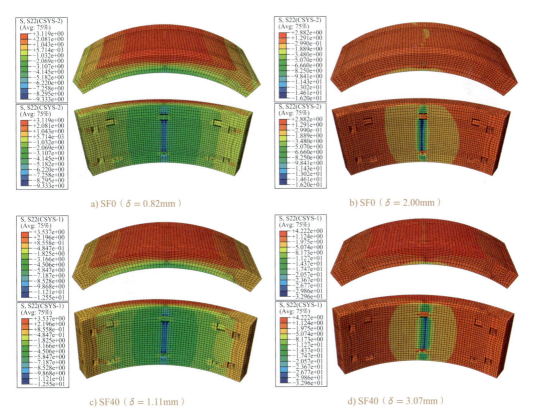

a) SF0（δ = 0.82mm）   b) SF0（δ = 2.00mm）

c) SF40（δ = 1.11mm）   d) SF40（δ = 3.07mm）

图 5-33 考虑手孔与螺栓孔管片标准块三点负弯加载下应力分布情况

δ—抗弯挠度

图 5-34 为考虑手孔与螺栓孔 SF0 和 SF40 管片标准块三点负弯加载下跨中沿厚度方向的环向应力分布情况,选择对应荷载-挠度曲线的峰前近弹性段、峰值处、峰后荷载快速下降段以及峰后残余段 4 个位置进行了分析。其中,SF0 管片标准块的 4 个位置对应挠度分别为 0.26mm、0.82mm、0.86mm 和 2.00mm,SF40 管片标准块的 4 个位置对应挠度分别为 0.21mm、1.11mm、1.20mm 和 3.07mm。从图中可看出,负弯加载下管片外侧受拉、内侧受压。除拉、压侧位置不同外,四点负弯加载下考虑手孔与螺栓孔管片标准块的跨中环向应力沿厚度方向的分布规律与四点正弯加载下的情况基本一致。

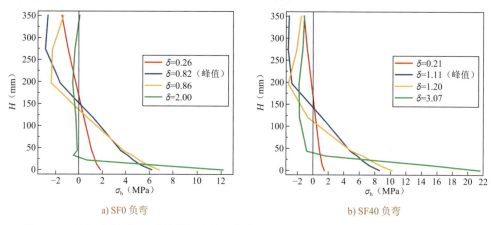

图 5-34 考虑手孔与螺栓孔管片标准块三点负弯加载下跨中环向应力沿厚度方向分布情况

δ-抗弯挠度;H-跨中厚度;σ_h-跨中环向应力

图 5-35 为三点负弯加载下,考虑手孔与螺栓孔 SF0、SF40 管片标准块在不同加载阶段内、外弧线上的环向应力分布情况。对比图 5-35 与图 5-30 可知,与正弯加载下相似,负弯加载下考虑手孔与螺栓孔 SF0、SF40 管片标准块内、外弧线上的环向应力呈近似对称分布,随着外弧线中间位置拉伸应力的减小,对应内弧线中间位置处的压缩应力随之增加。当加载至残余荷载段时,素混凝土管片外弧线拉伸应力接近于零,而含钢纤维混凝土管片外弧线还具有一定的拉伸应力,此时对应于外弧线中间位置处的压缩应力最大,且素混凝土管片该处的压缩应力值小于含钢纤维混凝土管片。

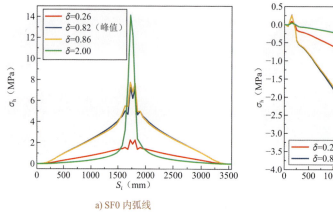
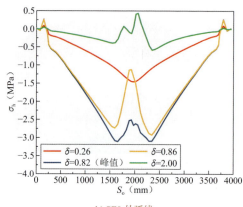

a) SF0 内弧线   b) SF0 外弧线

图 5-35

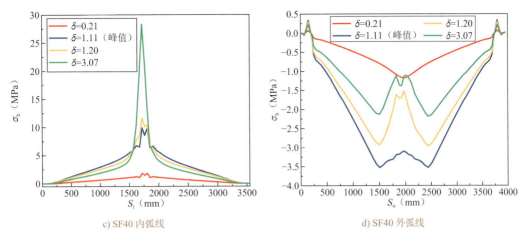

c) SF40 内弧线　　　　　　　　　　　d) SF40 外弧线

图 5-35　考虑手孔与螺栓孔管片标准块三点负弯加载下环向应力沿内、外弧线分布情况

δ-抗弯挠度；S_i-管片内弧线距；S_o-管片外弧线距；σ_h-跨中环向应力

2）四点弯曲

图 5-36 为考虑手孔与螺栓孔管片标准块四点抗弯加载示意图。四点正弯与负弯加载下均保持标准块跨中位置仅有竖直向下的位移自由度，无其他方向自由度及转动自由度，两支承点处均为简支约束。

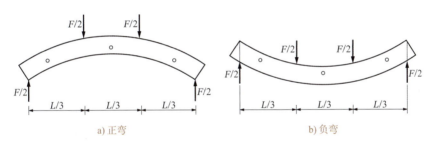

a) 正弯　　　　　　　　　　　　　　　b) 负弯

图 5-36　考虑手孔与螺栓孔管片标准块三点抗弯加载示意

F-受弯荷载；L-受弯跨度

（1）正弯模拟结果

根据 ABAQUS 对考虑手孔与螺栓孔管片标准块四点正弯的分析结果，对管片标准块的荷载-挠度曲线、损伤分布情况以及应力分布情况进行了分析。

①荷载-挠度曲线

图 5-37 为不同钢纤维掺量考虑手孔与螺栓孔管片标准块在四点正弯加载下的荷载-挠度曲线。从图 5-37 中可以看出，各钢纤维掺量的考虑手孔与螺栓孔管片标准块在四点正弯下峰值荷载均大于 275kN，峰值荷载与峰后残余荷载随钢纤维掺量的变化规律与三点正弯加载一致；在峰后荷载下降段，素混凝土管片标准块的荷载下降幅度最大，含钢纤维管片标准块的荷载下降幅度较小。

②损伤开展情况

图 5-38 为四点正弯加载下，SF0 考虑手孔与螺栓孔管片标准块在挠度为 1.04mm（对应峰值荷载）与 1.95mm 时的拉伸损伤分布情况，以及 SF40 管片标准块在挠度为 1.41mm

（对应峰值荷载）与 3.06mm 时的拉伸损伤分布情况。

在图 5-38 中，SF0 和 SF40 考虑手孔与螺栓孔管片标准块在四点正弯加载下，损伤主要发生在位于两加载点中间的管片内弧面，且在内弧面中间手孔位置附近的损伤最大，后续损伤也主要在该处沿厚度方向扩展。并且管片在荷载到达峰值时就已经出现一定程度的损伤。

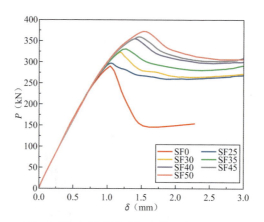

图 5-37　考虑手孔与螺栓孔管片标准块四点正弯荷载-挠度曲线

P-受弯荷载；δ-抗弯挠度

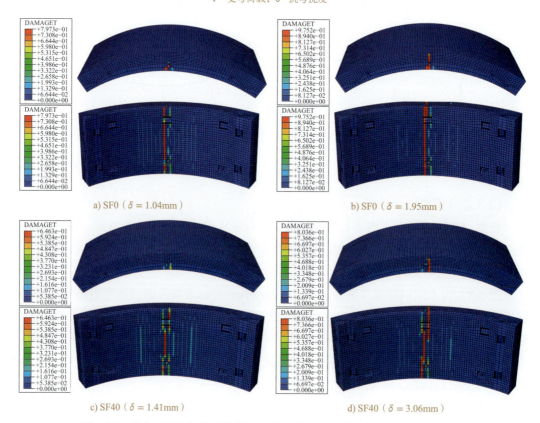

a) SF0（δ = 1.04mm）　　　　　　　　b) SF0（δ = 1.95mm）

c) SF40（δ = 1.41mm）　　　　　　　　d) SF40（δ = 3.06mm）

图 5-38　考虑手孔与螺栓孔管片标准块四点正弯加载下拉伸损伤开展情况

δ-抗弯挠度

③应力分布情况

图 5-39 为四点正弯加载下 SF0 与 SF40 考虑手孔与螺栓孔管片标准块峰值荷载处以及残余段管片的环向应力分布情况。从图 5-39 中可以看出管片标准块峰值荷载处环向应力向残余段的演化情况，且在残余段可以明显看出管片标准块在跨中位置附近的拉伸环向应力向压缩侧的延伸情况。并对管片标准块在不同加载阶段内、外弧线上的环向应力分布情况进行了分析。

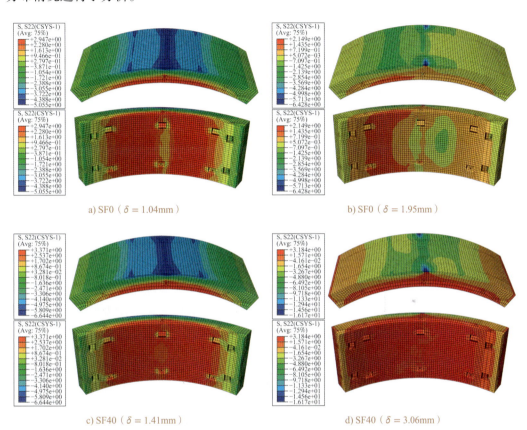

a) SF0（$\delta = 1.04$mm） b) SF0（$\delta = 1.95$mm）

c) SF40（$\delta = 1.41$mm） d) SF40（$\delta = 3.06$mm）

图 5-39 考虑手孔与螺栓孔管片标准块四点正弯加载下应力分布情况

δ-抗弯挠度

图 5-40 为考虑手孔与螺栓孔 SF0 和 SF40 管片标准块四点正弯加载下跨中处沿厚度方向的环向应力分布情况，选择对应荷载-挠度曲线的峰前近弹性段、峰值处、峰后荷载快速下降段以及峰后残余段四个位置进行了分析。其中，SF0 管片标准块的 4 个位置对应挠度分别为 0.42mm、1.04mm、1.27mm 和 1.95mm，SF40 管片标准块的 4 个位置对应挠度分别为 0.42mm、1.41mm、1.65mm 和 3.06mm。从图中可看出，正弯加载下管片内侧受拉、外侧受压。近弹性阶段环向应力沿厚度方向呈线性分布，此时中和轴位于中间位置；在峰值荷载处，受拉侧环向应力出现了下降，表明损伤已经发生，此时中和轴开始向受压侧偏移；在荷载下降处以及残余荷载段，受拉侧环向应力主要由残余拉伸应力作用，损伤向受压侧扩展，中和轴大幅向受压侧偏移。对于含钢纤维管片，在出现损伤后，弯曲受拉侧环向应力在厚度方向上分布较为稳定，相较于素混凝土有着更高的承载力，具有优秀的

抗弯韧性。素混凝土管片在出现损伤后，受拉侧环向应力在厚度方向上下降明显。

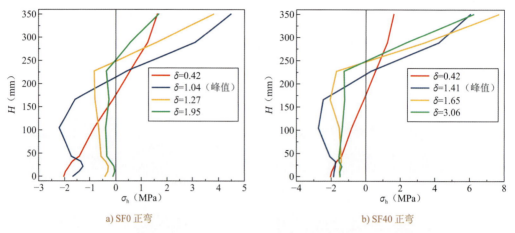

图 5-40 考虑手孔与螺栓孔管片标准块四点正弯加载下跨中环向应力沿厚度方向分布情况

δ-抗弯挠度；H-跨中厚度；σ_h-跨中环向应力

图 5-41 为四点正弯加载下，考虑手孔与螺栓孔 SF0、SF40 管片标准块在不同加载阶段内、外弧线上的环向应力分布情况。从图中可以看出，在四点正弯加载下，考虑手孔与螺栓孔 SF0、SF40 管片标准块内、外弧线上的环向应力基本上呈对称分布。在正弯加载近弹性段和峰值荷载处，SF0 管片内、外弧线上的环向应力基本上呈对称分布，荷载下降处以及残余荷载段对应的内、外弧线上的环向应力分布对称性较差，这主要由于损伤的开展受管片跨中处手孔的影响，使得损伤的开展位置主要在手孔边缘处，偏离跨中位置，且 SF0 管片在损伤后应力下降较快。对于 SF40 管片，在正弯加载的不同阶段，管片内、外弧线上的环向应力基本上呈对称分布，在荷载下降处以及残余荷载段时的对称性稍差，这主要也是由于损伤的开展位置在手孔边缘处，与跨中位置有一定偏离。在未产生损伤或是损伤开展初期，应力呈对称分布；当损伤扩展到一定阶段时，偏离跨中位置的损伤对应力分布有着较大的影响，从而导致应力分布的非对称性。

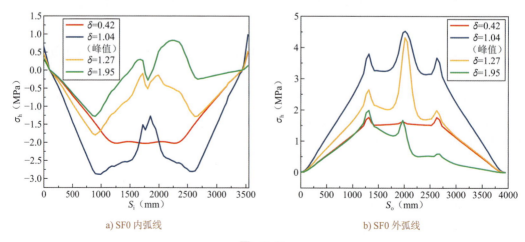

a) SF0 内弧线　　　　　　　　b) SF0 外弧线

图 5-41

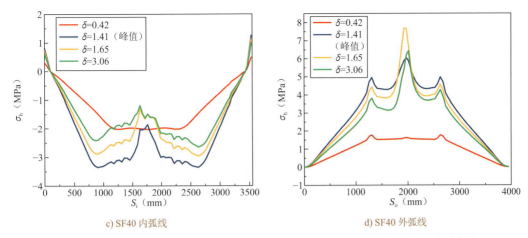

c) SF40 内弧线   d) SF40 外弧线

图 5-41 考虑手孔与螺栓孔管片标准块四点正弯加载下环向应力沿内、外弧线分布情况

δ-抗弯挠度；S_i-管片内弧线距；S_o-管片外弧线距；σ_h-跨中环向应力

（2）负弯模拟结果

根据 ABAQUS 对考虑手孔与螺栓孔管片标准块四点负弯的分析结果，对管片标准块的荷载-挠度曲线、损伤分布情况以及应力分布情况进行了分析。

① 荷载-挠度曲线

图 5-42 展示了不同钢纤维掺量考虑手孔与螺栓孔管片标准块在四点负弯加载下的荷载-挠度曲线。从图 5-42 中可以看出，各钢纤维掺量的考虑手孔与螺栓孔管片标准块在四点负弯下峰值荷载均大于 350kN，负弯加载下的荷载-挠度曲线规律与正弯下相同。对比图 5-42 与图 5-37 可知，对于相同钢纤维掺量，考虑手孔与螺栓孔管片标准块在四点负弯加载下的峰值荷载大于四点正弯下的峰值荷载，且残余荷载段也是如此。

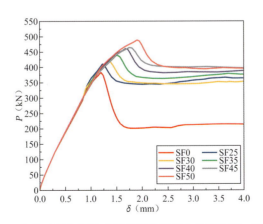

图 5-42 考虑手孔与螺栓孔管片标准块四点负弯荷载-挠度曲线

P-受弯荷载；δ-抗弯挠度

② 损伤开展情况

图 5-43 为四点负弯加载下，SF0 考虑手孔与螺栓孔管片标准块在挠度为 1.20mm（对应峰值荷载）与 2.00mm 时的拉伸损伤分布情况，以及 SF40 管片标准块在挠度为 1.67mm

（对应峰值荷载）与 3.12mm 时的拉伸损伤分布情况。

在图 5-43 中，SF0 和 SF40 考虑手孔与螺栓孔管片标准块在四点正弯加载下，损伤主要发生在两加载点中间的管片外弧面，且在外弧面与中间手孔位置对应处的损伤最大，后续损伤也主要在该处沿厚度方向扩展。并且管片在荷载到达峰值时就已经出现一定程度的损伤。

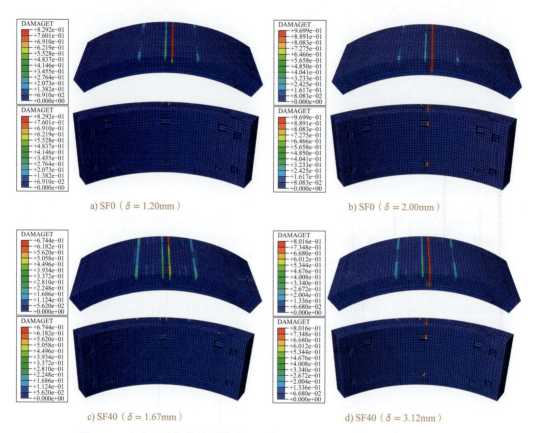

a) SF0（δ = 1.20mm）　　　　　b) SF0（δ = 2.00mm）

c) SF40（δ = 1.67mm）　　　　　d) SF40（δ = 3.12mm）

图 5-43　考虑手孔与螺栓孔管片标准块四点负弯加载下拉伸损伤开展情况
δ—抗弯挠度

③应力分布情况

图 5-44 为四点负弯加载下 SF0 与 SF40 考虑手孔与螺栓孔管片标准块峰值荷载处以及残余段管片的环向应力分布情况。从图 5-44 中可以看出管片标准块峰值荷载处环向应力向残余段的演化情况，且在残余段可以明显看出管片标准块在跨中位置附近的拉伸环向应力向压缩侧的延伸情况。并对管片标准块在不同加载阶段内、外弧线上的环向应力分布情况进行了分析。

图 5-45 为考虑手孔与螺栓孔 SF0 和 SF40 管片标准块四点负弯加载下跨中处沿厚度方向的环向应力分布情况，选择对应荷载-挠度曲线的峰前近弹性段、峰值处、峰后荷载快速下降段以及峰后残余段四个位置进行了分析。其中，SF0 管片标准块的 4 个位置对应挠度分别为 0.84mm、1.20mm、1.36mm 和 2.00mm，SF40 管片标准块的 4 个位置对应挠度分别为 0.84mm、1.67mm、1.86mm 和 3.12mm。从图中可看出，负弯

加载下管片外侧受拉、内侧受压。除拉、压侧位置不同外，四点负弯加载下考虑手孔与螺栓孔管片标准块的跨中环向应力沿厚度方向的分布规律与四点正弯加载下的情况基本一致。

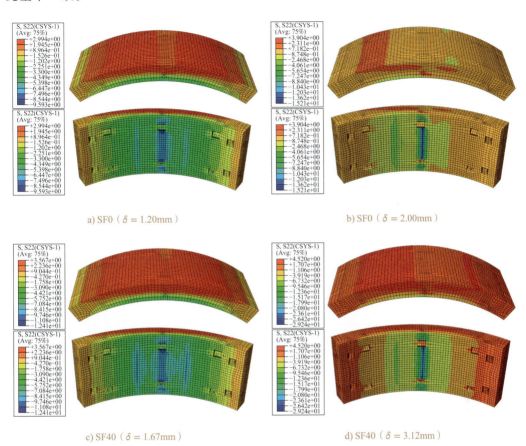

图 5-44 考虑手孔与螺栓孔管片标准块四点负弯加载下应力分布情况

δ-抗弯挠度

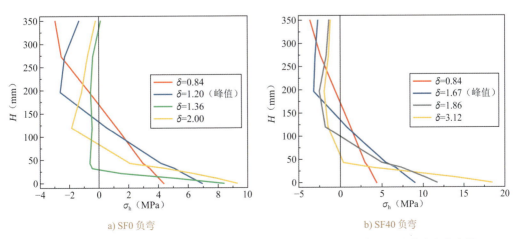

图 5-45 考虑手孔与螺栓孔管片标准块四点负弯加载下跨中环向应力沿厚度方向分布情况

δ-抗弯挠度；H-跨中厚度；σ_h-跨中环向应力

图 5-46 为四点负弯加载下，考虑手孔与螺栓孔 SF0、SF40 管片标准块在不同加载阶段内、外弧线上的环向应力分布情况。从图中可以看出，在负弯加载近弹性段和峰值荷载处，SF0 管片内、外弧线上的环向应力基本上呈对称分布，荷载下降处以及残余荷载段对应的内、外弧线上的环向应力分布对称性较差；对于 SF40 管片，在正弯加载的不同阶段，管片内、外弧线上的环向应力基本上呈对称分布，在荷载下降处以及残余荷载段时的对称性稍差。这也主要是受跨中处手孔的影响导致。

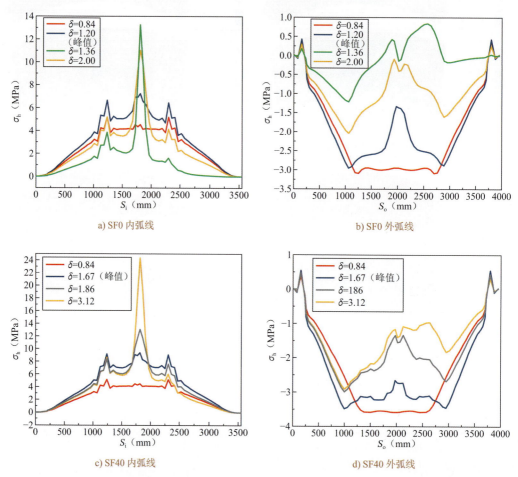

a) SF0 内弧线　　　　　　　　　b) SF0 外弧线

c) SF40 内弧线　　　　　　　　d) SF40 外弧线

图 5-46　考虑手孔与螺栓孔管片标准块四点负弯加载下环向应力沿内、外弧线分布情况

δ-抗弯挠度；S_i-管片内弧线距；S_o-管片外弧线距；σ_h-跨中环向应力

5.4　管片接头抗弯分析

为了分析钢纤维混凝土管片在螺栓连接下的抗弯性能，本节对管片标准块与标准块螺栓连接情况，以及管片左邻接块、封顶块与右邻接块之间螺栓连接情况进行了数值分析。其中，管片模型考虑手孔和螺栓孔，参数设置和模型设置与前述管片模型一致，并采用损伤本构模型。螺栓则参考《混凝土结构设计规范》（GB 50010—2010），采用双折

线钢材本构模型进行模拟，本构模型如图5-47所示。

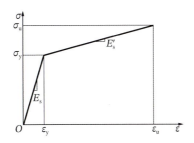

图5-47 钢材双折线本构模型

σ－钢材应力；ε－钢材应变；σ_y－钢材屈服应力；ε_y－钢材屈服应变；σ_u－钢材极限应力；ε_u－钢材极限应变；E_s－钢材弹性模量；E_s'－钢材强化模量

相应钢材本构关系表达式如下：

$$\sigma_s = E_s \varepsilon_s \qquad (\varepsilon_s \leqslant \varepsilon_y) \tag{5-1}$$

$$\sigma_s = \sigma_y + E_s'(\varepsilon_s - \varepsilon_y) \qquad (\varepsilon_y < \varepsilon_s \leqslant \varepsilon_u) \tag{5-2}$$

$$\sigma_s = 0 \qquad (\varepsilon_s > \varepsilon_u) \tag{5-3}$$

式中：σ_s——钢材应力；

E_s——钢材弹性模量；

ε_s——钢材应变；

σ_y——钢材屈服应力；

ε_y——钢材屈服应变；

E_s'——钢材强化模量；

σ_u——钢材极限应力；

ε_u——钢材极限应变。

在应用ABAQUS进行分析时，对8.8级和9.8级两种型号螺栓进行了对比，相关模型参数见表5-1。

螺栓本构模型参数　　　　表5-1

螺栓型号	E_s（GPa）	E_s'（GPa）	σ_y（MPa）	σ_u（MPa）
8.8级	206	2.06	640	800
9.8级	206	2.06	720	900

在分析过程中，管片与管片之间接触面的切向行为采用ABAQUS中的罚摩擦公式，切向滑移行为采用有限滑动公式，接触面上的法向行为采用ABAQUS中的"硬"接触公式；弯螺栓采用C3D8网格单元，弯螺栓与管片手孔之间采用绑定约束。

5.4.1 管片标准块螺栓连接抗弯分析

管片标准块螺栓连接情况采用如图5-48所示的加载方式，加载时保持两标准块接触面位置处仅有竖直向下的位移自由度，无其他方向自由度及转动自由度，两支承点处均为简支约束。

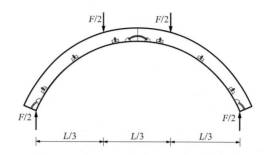

图 5-48 管片标准块与标准块螺栓连接结构加载示意图

F-受弯荷载；L-受弯跨度

（1）8.8 级螺栓

应用 ABAQUS 完成 8.8 级弯螺栓与不同钢纤维掺量管片标准块在弯曲加载下的分析，图 5-49 展示了 SF40 管片标准块在 8.8 级弯螺栓连接下的弯曲加载计算结果。

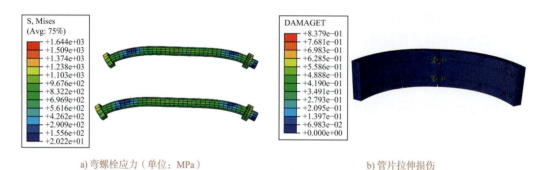

a) 弯螺栓应力（单位：MPa）　　　　　　　　b) 管片拉伸损伤

图 5-49 SF40 管片标准块在 8.8 级弯螺栓连接下的弯曲加载计算结果

从图 5-49 中可以看出，在弯曲加载下，螺栓连接的管片标准块易在手孔处产生损伤。基于模型分析结果，对在 8.8 级弯螺栓连接下，各钢纤维掺量盾构管片标准块连接整体结构的弯矩-挠度关系以及弯螺栓应力随挠度的变化关系进行分析，分析结果如图 5-50 所示。

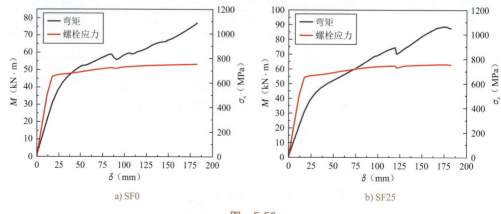

a) SF0　　　　　　　　　　　　　　　　b) SF25

图 5-50

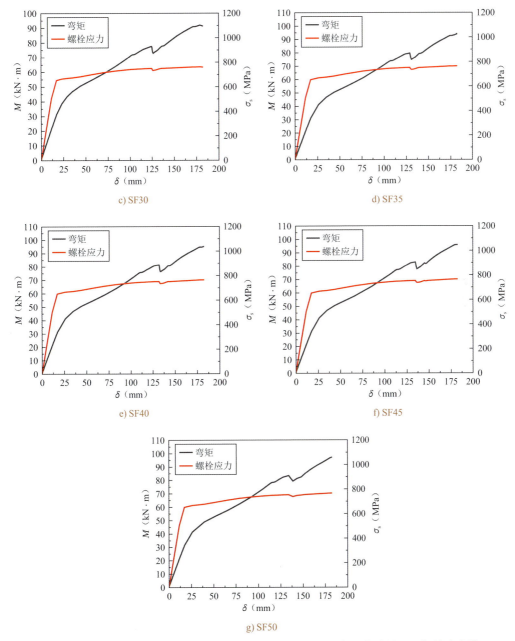

图 5-50 各钢纤维掺量管片标准块在 8.8 级弯螺栓连接下的弯矩-挠度关系及螺栓应力情况

M-弯矩；δ-抗弯挠度；σ_s-螺栓应力

从图 5-50 中可以看出，在结构弯曲初始阶段，弯螺栓就参与受力，此时弯矩-挠度曲线接近直线；当弯螺栓达到屈服后，结构的弯矩的增长幅度开始随挠度的增加而减小，曲线斜率变化趋缓。数值模拟结果显示，在管片标准块连接结构弯曲挠度超过 175mm 时，8.8 级螺栓应力仍小于破坏应力 800MPa。

将在 8.8 级弯螺栓连接下各钢纤维掺量盾构管片标准块连接整体结构的弯矩-挠度关系、接缝张开量-挠度关系进行对比，如图 5-51 所示。从图 5-51 中可以看出，钢纤维掺量对管片标准块连接结构抗弯性能有明显影响,整体上可表示为钢纤维掺量越大,管片标准块连接结构的抗弯性能越好。在结构弯曲过程中,各钢纤维掺量下接缝张开量-挠度曲线基本重合,呈线性关系。图 5-51b)中各线的下降段为 ABAQUS 在计算终点的误差所致,并不是实际情况。

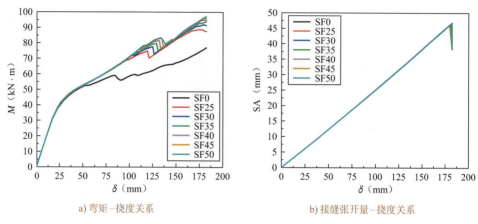

图 5-51 8.8 级弯螺栓连接下管片标准块连接结构弯曲计算结果对比

M-弯矩;δ-抗弯挠度;SA-接缝张开量

(2) 9.8 级螺栓

应用 ABAQUS 完成 9.8 级弯螺栓与不同钢纤维掺量管片标准块在弯曲加载下的分析,图 5-52 展示了 SF40 管片标准块在 9.8 级弯螺栓下的弯曲加载计算结果。

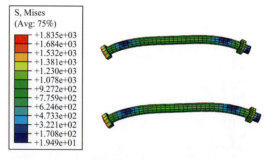

a) 弯螺栓应力(单位:MPa)

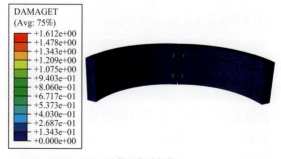

b) 管片拉伸损伤

图 5-52 SF40 管片标准块在 9.8 级弯螺栓连接下的弯曲加载计算结果

从图 5-52 中可以看出，在弯曲加载下，9.8 级弯螺栓与 8.8 级螺栓连接情况类似，管片标准块连接结构易在手孔处产生损伤。基于模型分析结果，对在 9.8 级弯螺栓连接下，各钢纤维掺量管片标准块连接整体结构的弯矩-挠度关系与弯螺栓应力随挠度的变化关系进行了分析，如图 5-53 所示。

从图 5-53 中可以看出，在结构弯曲初始阶段弯螺栓就参与受力，此时弯矩-挠度曲线接近直线；当弯螺栓达到屈服后，结构的弯矩的增长幅度开始随挠度的增加而减小，曲线斜率开始变缓。数值模拟结果显示,在管片标准块连接结构弯曲挠度超过 175mm 时，9.8 级螺栓应力仍小于破坏应力 900MPa。

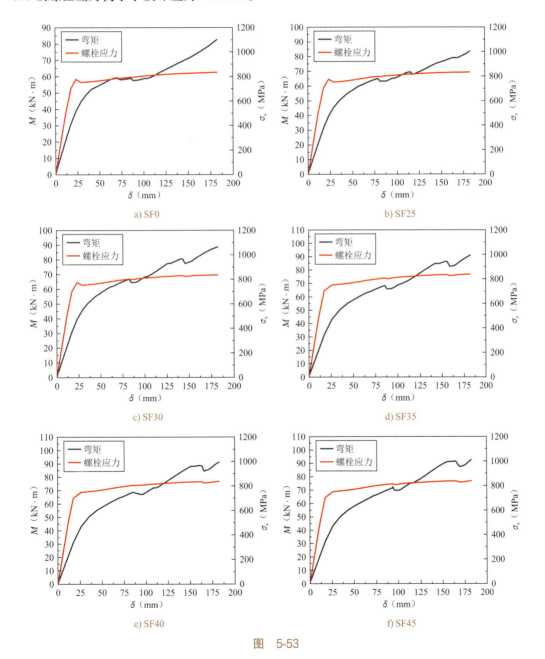

图 5-53

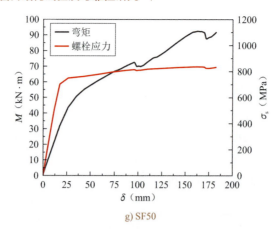

g) SF50

图 5-53 各钢纤维掺量管片标准块在 9.8 级弯螺栓连接下的弯矩-挠度关系及螺栓应力情况

M-弯矩；δ-抗弯挠度；σ_s-螺栓应力

将在 9.8 级弯螺栓连接下各钢纤维掺量管片标准块连接整体结构的弯矩-挠度关系、接缝张开量-挠度关系进行对比，如图 5-54 所示。

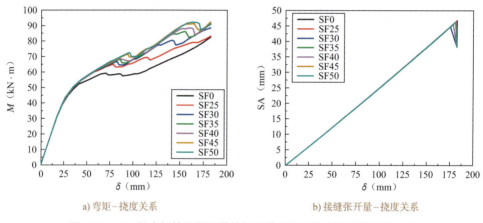

a) 弯矩-挠度关系　　　　　　　　　　b) 接缝张开量-挠度关系

图 5-54　9.8 级弯螺栓连接下管片标准块连接结构弯曲计算结果对比

M-弯矩；δ-抗弯挠度；SA-接缝张开量

在图 5-54 中，可以发现在结构弯曲前期，各钢纤维掺量下弯矩-挠度关系曲线基本重合；随着挠度的继续增加，各钢纤维掺量下连接结构接弯矩-挠度关系曲线开始逐渐分离，表明混凝土进入损伤状态。数值分析结果表明，钢纤维掺量对管片标准块连接结构抗弯性能有明显影响，整体上也表现为钢纤维掺量越大，管片标准块连接结构的抗弯性能越好。在连接结构弯曲过程中，各钢纤维掺量下接缝张开量-挠度曲线基本重合，呈线性关系。图 5-54b）中各线末端的下降段为 ABAQUS 在计算终点的误差所致，并不是实际情况。

5.4.2　邻接块加封顶块螺栓连接抗弯分析

两管片邻接块加封顶块螺栓连接情况采用如图 5-55 所示的方式进行加载，加载时保持整体结构的跨中位置处仅有竖直向下的位移自由度,无其他方向自由度及转动自由度,两支承点处均为简支约束。

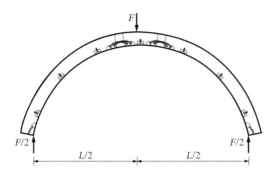

图 5-55 两管片邻接块加封顶块螺栓连接结构加载示意

（1）8.8 级螺栓

应用 ABAQUS 完成 8.8 级弯螺栓与不同钢纤维掺量管片左、右邻接块加封顶块在弯曲加载下的分析,图 5-56 展示了 SF40 管片标准块在 8.8 级弯螺栓下的弯曲加载计算结果。

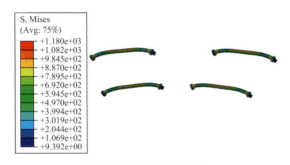

a) 弯螺栓应力（单位：MPa）

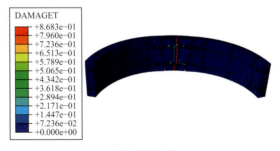

b) 管片拉伸损伤

图 5-56 SF40 管片左、右邻接块加封顶块在 8.8 级弯螺栓连接下的弯曲加载计算结果

从图 5-56 中可以看出,在 8.8 级弯螺栓连接并进行弯曲加载下,管片左、右邻接块的损伤主要集中在手孔部位,封顶块除在两边手孔部位有损伤外,还会在中间产生贯通损伤。基于模型分析结果,对在 8.8 级弯螺栓连接下,各钢纤维掺量盾构管片左、右邻接块加封顶块连接整体结构的弯矩–挠度关系、接缝张开量–挠度关系以及弯螺栓应力

随挠度的变化关系进行了分析，分析结果见表 5-2。

各钢纤维掺量管片左、右邻接块加封顶块在 8.8 级弯螺栓连接下的计算结果 表 5-2

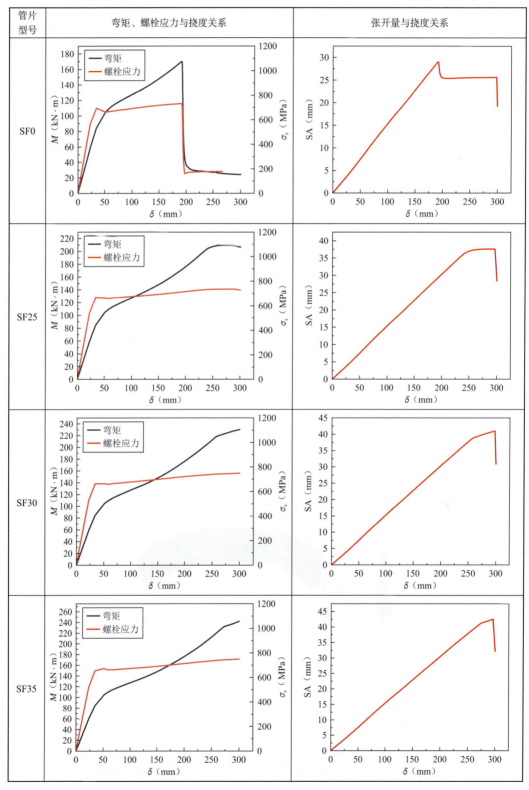

续上表

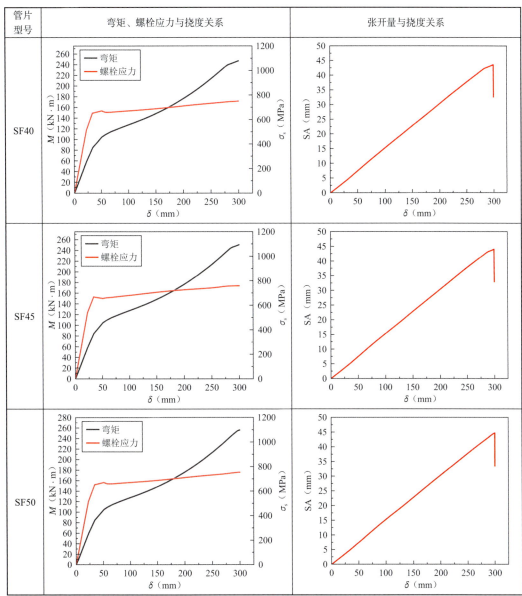

注：M为弯矩；δ为抗弯挠度；σ_s为螺栓应力；SA为接缝张开量。

从表 5-2 中可以看出，在连接结构弯曲初始阶段弯螺栓就参与受力，此时弯矩-挠度曲线初始段接近直线；当弯螺栓达到屈服后，结构的弯矩的增长幅度出现变化，弯矩-挠度曲线开始弯折。在受弯加载到一定程度之后，素混凝土管片左、右邻接块加封顶块连接结构出现弯矩的急速下降，随后又稳定在一定数值，这主要是由于加载到一定程度后，连接结构中素混凝土封顶块中间开始出现贯通损伤，造成荷载的急速下降，对应张开量也随之下降。对于含钢纤维管片连接结构则未出现弯矩急速下降的情况，除在对应螺栓开始屈服时弯矩-挠度曲线有弯折外，在加载到一定程度后，伴随钢纤维混凝土封顶块中间形成贯通损伤，弯矩-挠度曲线又出现弯折，且此处弯折程度随钢纤维掺量的增加而有所减弱。数值模拟结果显示,在连接整体结构弯曲挠度接近 300mm 时,8.8 级螺栓应力仍小于破坏应力 800MPa。

将在 8.8 级弯螺栓连接下各钢纤维掺量盾构管片左、右邻接块加封顶块连接整体结构的弯矩-挠度关系、接缝张开量-挠度关系进行对比,如图 5-57 所示。

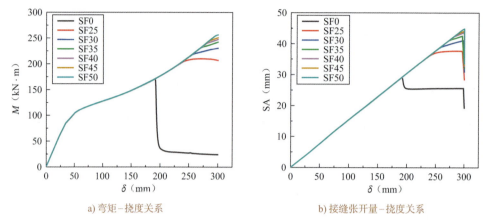

a) 弯矩-挠度关系　　　　　　　b) 接缝张开量-挠度关系

图 5-57　8.8 级弯螺栓连接下管片左、右邻接块加封顶块连接结构弯曲加载计算结果对比

M-弯矩;δ-抗弯挠度;SA-接缝张开量

从图 5-57 中可以看出,在结构弯曲前期,各钢纤维掺量下管片弯矩-挠度关系曲线基本重合;随着挠度的继续增加,伴随着各钢纤维掺量下管片封顶块开始出现贯通损伤,弯矩-挠度也在不同位置处出现不同程度的弯折,弯折程度随钢纤维掺量的增加而逐渐减弱。数值分析结果表明,钢纤维掺量对管片左、右邻接块加封顶块连接结构抗弯性能有明显影响,整体上表现为钢纤维掺量越大,连接结构的抗弯性能越好。在连接结构弯曲前期,各钢纤维掺量下接缝张开量与挠度曲线基本重合,呈线性关系;当各钢纤维掺量下管片封顶块开始出现贯通损伤,接缝张开量-挠度也在对应位置处出现不同程度的弯折。图 5-57b)中各线末端的下降段为 ABAQUS 在计算终点的误差所致,并不是实际情况。

(2)9.8 级螺栓

应用 ABAQUS 完成 9.8 级弯螺栓与不同钢纤维掺量管片左、右邻接块加封顶块在弯曲加载下的分析,图 5-58 展示了 SF40 管片标准块在 9.8 级弯螺栓下的弯曲加载计算结果。

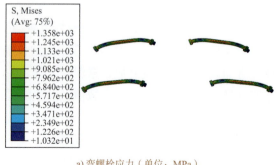

a) 弯螺栓应力(单位:MPa)

图　5-58

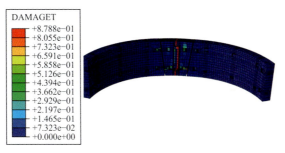

b) 管片拉伸损伤

图 5-58 SF40 管片左、右邻接块加封顶块在 9.8 级弯螺栓连接下的弯曲加载计算结果

从图 5-58 中可以看出，与 8.8 级螺栓连接情况相似，9.8 级弯螺栓连接并进行弯曲加载下，管片左、右邻接块的损伤主要集中在手孔部位，封顶块除在两边手孔部位有损伤外，还会在中间产生贯通损伤。基于模型分析结果，对在 9.8 级弯螺栓连接下，各钢纤维掺量盾构管片左、右邻接块加封顶块连接整体结构的弯矩-挠度关系、接缝张开量-挠度关系以及弯螺栓应力随挠度的变化关系进行了分析，分析结果见表 5-3。

各钢纤维掺量管片左、右邻接块加封顶块在 9.8 级弯螺栓连接下的计算结果　表 5-3

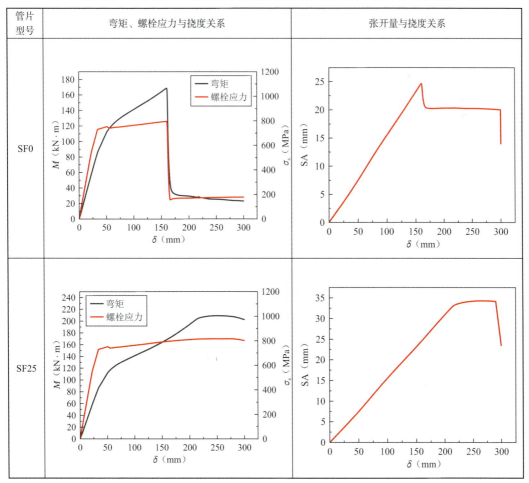

续上表

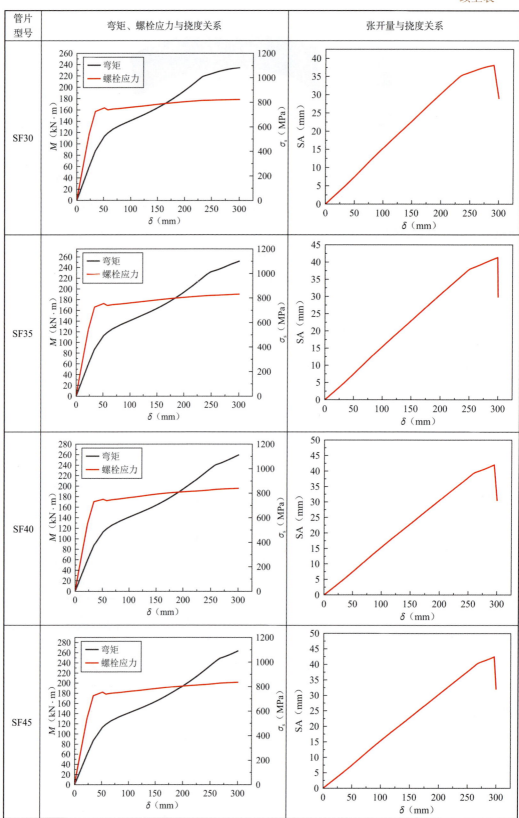

续上表

管片型号	弯矩、螺栓应力与挠度关系	张开量与挠度关系
SF50	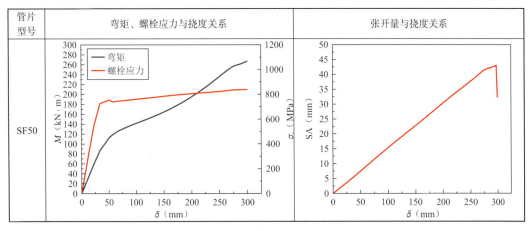	

注：M为弯矩；δ为抗弯挠度；σ_s为螺栓应力；SA为接缝张开量。

从表5-3中可以看出，对于9.8级螺栓连接下弯矩-挠度曲线，除相应弯折点处的弯矩要稍高于8.8级螺栓外，其他规律方面与8.8级螺栓连接情况基本相同。数值模拟结果显示，在连接整体结构弯曲挠度接近300mm时，9.8级螺栓应力仍小于破坏应力900MPa。

将在9.8级弯螺栓连接下各钢纤维掺量盾构管片左、右邻接块加封顶块连接整体结构的弯矩-挠度关系、接缝张开量-挠度关系进行对比，如图5-59所示。

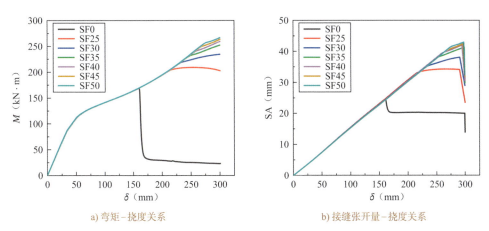

a) 弯矩-挠度关系　　　　　　　　　　b) 接缝张开量-挠度关系

图5-59　9.8级弯螺栓连接下管片左、右邻接块加封顶块连接结构弯曲加载计算结果对比

M-弯矩；δ-抗弯挠度；SA-接缝张开量

在图5-59中可以看出，9.8级螺栓与8.8级螺栓在管片左、右邻接块加封顶块连接整体结构上所表现的规律基本一致，均表现出了钢纤维掺量对管片左、右邻接块加封顶块连接结构抗弯性能有明显影响，整体上表现为钢纤维掺量越大，连接结构的抗弯性能越好。在连接结构弯曲前期，各钢纤维掺量下接缝张开量-挠度曲线基本重合，呈线性关系；当各钢纤维掺量下管片封顶块开始出现贯通损伤，接缝张开量-挠度也在对应位置处出现不同程度的弯折。同样，图5-59b)中各线末端的下降段为ABAQUS在计算终点的误差所致，并不是实际情况。

5.5 管片顶推工况受力分析

盾构隧道在推进时，盾构机液压缸会通过撑靴将推力传递到盾构管片上。而管片受到撑靴的作用会在其下方产生拉伸应力，持续加载下可能会产生劈拉破坏。

基于 ABAQUS 并应用钢纤维混凝土损伤本构模型对盾构管片标准块、邻接块和封顶块在顶推工况下的受力变形情况进行分析。其中，对管片标准块和邻接块均进行三点等位移顶推计算，对管片封顶块进行单点顶推计算。

在计算时，给定盾构机的最大推力为 33000kN，平均分布于 16 个液压缸撑靴上，相关参数见表 5-4。

盾构机顶推参数　　　　　　　　　　　表 5-4

参数	最大推力	撑靴数量	撑靴推力	撑靴尺寸
数值	33000kN	16 个	2062.5kN	350mm × 588mm

模拟计算完成后，根据 ABAQUS 所得计算结果，对含不同钢纤维掺量的盾构管片标准块、邻接块与封顶块在顶推下的荷载-位移曲线、损伤分布情况以及单个液压缸接近最大顶推力时的应力分布情况进行分析。由于计算时考虑了 7 种不同钢纤维掺量，限于篇幅，在对损伤及应力分布进行分析时仅考虑 SF0 和 SF40 的管片标准块、邻接块与封顶块。

5.5.1 管片标准块顶推分析

（1）模型设置

管片标准块数值模型尺寸规格参照图 5-1，设置 3 块撑靴板作用在标准块侧边，并与纵向螺栓同为 22.5°分度。管片结构选择 C3D8 单元模拟，撑靴板按刚体考虑，采用等位移方式施加竖向荷载。标准块数值模型加载方式如图 5-60 所示。

图 5-60　管片标准块顶推工况加载方式

（2）荷载-位移曲线

结合 ABAQUS 对含不同钢纤维掺量的管片标准块的计算结果，分析作用在撑靴板上的荷载-位移曲线，如图5-61所示。

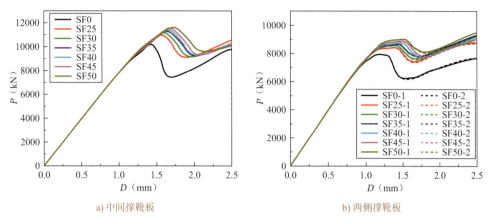

a) 中间撑靴板　　　　　　　　　　　b) 两侧撑靴板

图5-61 管片标准块顶推荷载-位移曲线

P-撑靴板荷载；D-位移

从图中可以看出，在等位移加载情况下，相同钢纤维掺量的标准块两侧撑靴板的荷载-位移曲线几乎一致，中间撑靴板的峰值荷载高于两侧撑靴板，且峰值荷载均随纤维掺量的增加而增加；在到达峰值荷载前，荷载-位移呈近线性关系，单液压缸极限荷载未超出该线性范围，表明在盾构机顶推液压缸满负荷作用下，管片未达到破坏状态。

（3）损伤分布情况

结合 ABAQUS 数值分析结果，对 SF0 和 SF40 管片标准块在不同加载阶段的拉伸损伤开展进行分析，如图5-62、图5-63所示。

在图5-62中，对 SF0 管片标准块在撑靴板竖向位移分别为 0.25mm（对应三个撑靴板荷载均为 2000kN 左右）、1.19mm（对应两侧撑靴板达到峰值荷载）、1.43mm（对应中间撑靴板达到峰值荷载）和 1.89mm（对应峰后段）时的损伤情况进行分析。可以看出，当 3 个撑靴板荷载均为 2000kN 左右（接近顶推液压缸极限压力）时，标准块仅在撑靴板间隔的中间位置出现了拉伸损伤，但该处损伤程度较小，处于初始开裂情况，且此时损伤主要发生在管片表面；当两侧撑靴板达到峰值荷载时，拉伸损伤有一定的向下扩展趋势，两侧撑靴板靠内侧边缘处以及中间撑靴板的两侧边缘均有小范围损伤形成并与撑靴板间隔中间位置的损伤相连，此外，在两侧撑靴板靠外边缘处分别形成了贯穿环向螺栓孔与对应撑靴板正下方纵向螺栓孔的新损伤带；当中间撑靴板达到峰值荷载时，下方两侧纵向螺栓孔处损伤贯穿至上方对应的撑靴板内边缘处，携原有损伤带一起呈现 V 形分布，撑靴板间隔中间位置损伤不再扩展而中间撑靴板两侧损伤有一定的向下扩展趋势；当 3 个撑靴板均达到峰后荷载时，中间撑靴板两侧边缘处的损伤向下扩展至中间螺栓孔，至此，3 个撑靴板的下方均形成 V 形损伤带。

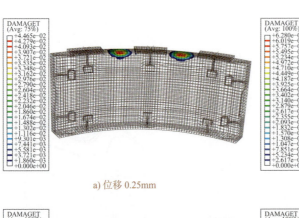

a) 位移 0.25mm　　　　　　　　　　　b) 位移 1.19mm

c) 位移 1.43mm　　　　　　　　　　　d) 位移 1.89mm

图 5-62　SF0 管片标准块在顶推作用下的损伤开展情况

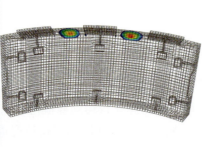

a) 位移 0.25mm　　　　　　　　　　　b) 位移 1.48mm

c) 位移 1.64mm　　　　　　　　　　　d) 位移 1.91mm

图 5-63　SF40 管片标准块在顶推作用下的损伤开展情况

在图 5-63 对 SF40 管片标准块在撑靴板竖向位移分别为 0.25mm（对应三个撑靴板荷载均为 2000kN 左右）、1.48mm（对应两侧撑靴板达到峰值荷载）、1.64mm（对应中间撑靴板达到峰值荷载）和 1.91mm（对应峰后段）时的损伤情况进行了分析。从图中可以看出，SF40 管片标准块在顶推作用下的损伤开展规律基本一致，但 SF40 管片标准块在各加载阶段下的损伤开展情况明显弱于对应 SF0 管片标准块，这也能体现钢纤维混凝土在抗裂方面的优势。

（4）环向应力分布情况

结合 ABAQUS 数值分析结果，对 SF0 和 SF40 管片标准块分别在 3 个撑靴板荷载均为 2000kN 左右时环向应力分布情况进行了分析，如图 5-64 所示。

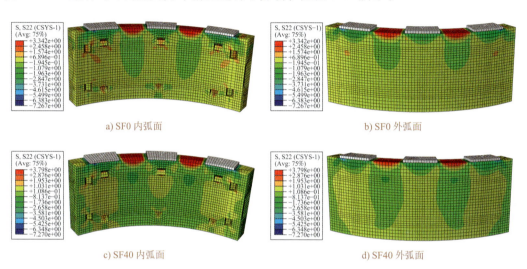

a) SF0 内弧面　　　　　　　　　　　b) SF0 外弧面

c) SF40 内弧面　　　　　　　　　　　d) SF40 外弧面

图 5-64　SF0 与 SF40 管片标准块在撑靴板荷载均为 2000kN 左右时的环向应力分布情况

从图 5-64 中可以看出，在 3 块撑靴板作用荷载均为 2000kN 左右时，SF0 与 SF40 管片标准块位于撑靴板作用位置的中间处有明显的环向拉应力存在，另外在手孔处也有较小的环向拉应力分布。结合图 5-62a）和图 5-63a）可知，在 3 块撑靴板作用荷载均为 2000kN 左右下，SF0 与 SF40 管片标准块撑靴板间隔中间位置存在的损伤程度较低，表明该处损伤处于初始阶段，且损伤主要在接近表面位置。相较于 SF0，SF40 管片标准块撑靴板间隔中间位置的损伤程度更低。因此，对于素混凝土乃至普通钢筋混凝土管片，由于表面混凝土缺乏有效保护，在顶推时易在撑靴板间隔中间位置处形成开裂，而由于钢纤维在混凝土中是均匀分布的，表层混凝土也能起到抗裂的作用，具体则表现为钢纤维混凝土管片顶推时在撑靴板间隔中间位置处的低损伤情况。

5.5.2　管片邻接块顶推分析

（1）模型设置

管片邻接块数值模型尺寸规格参照图 5-1，设置 3 块撑靴板作用在管片邻接块顶推侧，并与纵向螺栓同为 22.5°分度。管片选用 C3D8 单元模拟，撑靴板按刚体考虑，采用等位移方式施加竖向荷载。管片标准块数值模型加载方式如图 5-65 所示。

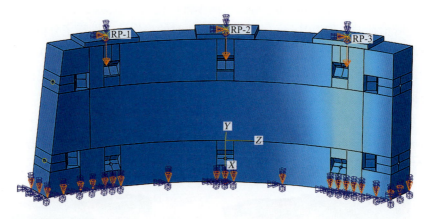

图 5-65　管片邻接块顶推工况加载方式

（2）荷载-位移曲线

根据 ABAQUS 的顶推计算结果，得到作用在撑靴板上的荷载-位移曲线，如图 5-66 所示。

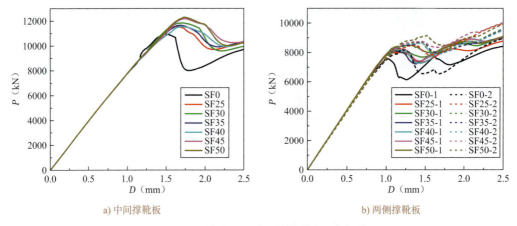

a) 中间撑靴板　　　　　　　　　　　　b) 两侧撑靴板

图 5-66　管片标准块顶推荷载-位移曲线

P-撑靴板荷载；D-位移

从图 5-66 中可以看出，在等位移加载情况下，相同钢纤维掺量的邻接块两侧撑靴板的荷载-位移曲线不再一致，靠近邻接块纵向斜面侧撑靴板的荷载峰值要稍低于靠近邻接块纵向竖直面侧撑靴板，中间撑靴板的峰值荷载依然高于两侧撑靴板，且各撑靴板峰值荷载均随纤维掺量的增加而增加；在到达峰值荷载前，荷载-位移接近线性关系，单液压缸极限荷载未超出该线性范围，表明在盾构机顶推液压缸满负荷作用下，管片邻接块未达到破坏状态。

（3）损伤分布情况

结合 ABAQUS 数值分析结果，对 SF0 和 SF40 管片邻接块在不同加载阶段的拉伸损伤开展情况进行分析，如图 5-67、图 5-68 所示。

a) 位移 0.25mm

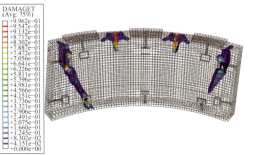
b) 位移 1.02mm

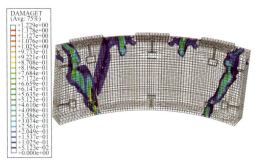
c) 位移 1.21mm

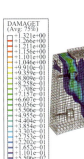
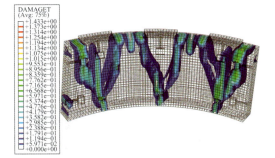
d) 位移 1.50mm

e) 位移 1.91mm

图 5-67　SF0 管片邻接块在顶推作用下的损伤开展情况

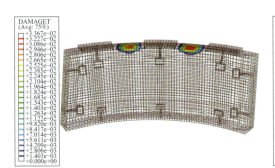
a) 位移 0.31mm

b) 位移 1.12mm

图　5-68

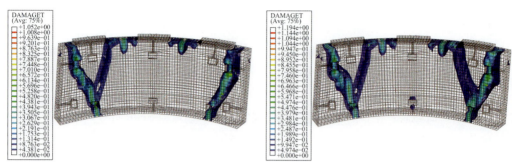

c) 位移 1.45mm　　　　　　　　　d) 位移 1.70mm

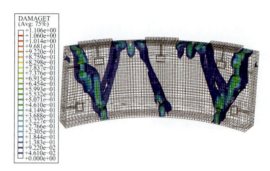

e) 位移 1.91mm

图 5-68　SF40 管片邻接块在顶推作用下的损伤开展情况

在图 5-67 中，对 SF0 管片标准块在撑靴板竖向位移分别为 0.25mm（对应 3 个撑靴板荷载均为 2000kN 左右）、1.02mm（对应靠近斜面侧撑靴板达到峰值荷载）、1.21mm（对应靠近竖直面侧撑靴板达到峰值荷载）、1.50mm（对应中间撑靴板达到峰值荷载）和 1.91mm（对应峰后段）时的损伤情况进行分析。可以看出，当 3 个撑靴板荷载均为 2000kN 左右（接近顶推液压缸极限压力）时，SF0 管片邻接块位于撑靴板间隔中间位置出现了拉伸损伤，但该处损伤程度较小，处于初始开裂情况，且此时损伤主要发生在管片表面；当靠斜面侧撑靴板达到峰值荷载时，其中间处的损伤有一定的向下扩展趋势，撑靴板外缘形成了贯穿环向螺栓孔与对应撑靴板正下方纵向螺栓孔的损伤带，而此时竖直面侧撑靴板外边缘在环向螺栓孔处形成一条斜向损伤带，但未贯穿其下方纵向螺栓孔，斜面侧撑靴板的内侧边缘处、竖直面侧撑靴板的内侧边缘处以及中间撑靴板的两侧边缘均有小范围损伤形成并与撑靴板间隔中间位置的损伤相连；当竖直面侧撑靴板达到峰值荷载时，其外边缘在靠近斜面侧环向螺栓孔处形成的斜向损伤带贯穿下方纵向螺栓孔，斜面侧撑靴板下方开始出现 V 形损伤带，撑靴板间隔中间位置的损伤向下有一定的扩展；当中间撑靴板达到峰值荷载时，在两侧撑靴板下方均出现了 V 形损伤带，中间撑靴板靠近斜面侧出现贯穿环向螺栓孔与正下方纵向螺栓孔的损伤带，中间撑靴板靠近竖直面侧则没有形成斜向损伤带，撑靴板间隔中间位置的损伤没有明显向下扩展，中间撑靴板的两侧边缘处的损伤向下有一定的扩展；当三个撑靴板均为峰后荷载时，在 3 个撑靴板的下方均形成了 V 形损伤带。

在图 5-68 对 SF40 管片邻接块在撑靴板竖向位移分别为 0.31mm（对应 3 个撑靴板荷载均为 2500kN 左右）、1.12mm（对应靠近斜面侧撑靴板达到峰值荷载）、1.45mm（对应靠近竖直面侧撑靴板达到峰值荷载）、1.70mm（对应中间撑靴板达到峰值荷载）和 1.91mm（对应峰后段）时的损伤情况进行分析。从图中可以看出，SF40 管片邻接块在顶推作用下的损伤开展规律与 SF0 管片邻接块大体一致，但也有所差异。当 SF40 管片邻接块中间撑靴板达到峰值荷载时，在管片中间处没有形成斜向损伤带；当 SF40 管片邻接块 3 个撑靴板均为峰后荷载时，除两侧撑靴板下方形成 V 形损伤带外，中间撑靴板下方靠近斜面侧仅形成一条斜向损伤带。整体上看，SF40 管片邻接块在相同加载阶段下的损伤开展情况明显弱于对应 SF0 管片邻接块，这也能体现钢纤维混凝土在抗裂方面的优势。

（4）环向应力分布情况

结合 ABAQUS 数值分析结果，对 SF0 管片邻接块在 3 个撑靴板荷载均为 2000kN 左右时环向应力分布情况以及 SF40 管片邻接块在 3 个撑靴板荷载均为 2500kN 左右时环向应力分布情况进行了分析，如图 5-69 所示。

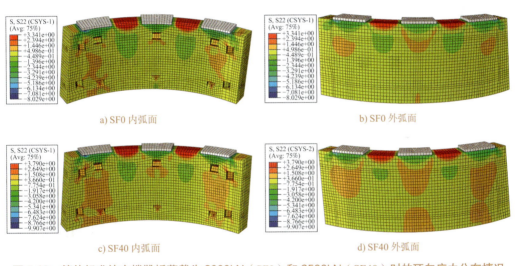

a) SF0 内弧面　　　　　　　　　　b) SF0 外弧面

c) SF40 内弧面　　　　　　　　　d) SF40 外弧面

图 5-69　管片标准块在撑靴板荷载为 2000kN（SF0）和 2500kN（SF40）时的环向应力分布情况

对于 SF0 管片邻接块在撑靴板作用荷载均为 2000kN 左右时，以及 SF40 管片邻接块在撑靴板作用荷载均为 2500kN 左右时，可以看出在位于撑靴板间隔中间位置有明显的环向拉应力存在，另外在螺栓孔处也有较小的环向拉应力分布。结合图 5-67a）和图 5-68a）可知，SF0 与 SF40 管片标准块位于撑靴板间隔中间位置存在的损伤程度较低，表明该处损伤处于初始阶段，且损伤主要在接近表面位置。相较于 SF0，虽然作用荷载高了 500kN，但 SF40 管片标准块位于撑靴板间隔中间位置的损伤程度更低。

5.5.3　管片封顶块顶推分析

（1）模型设置

管片标准块数值模型尺寸规格参照图 5-1，设置 1 块撑靴板作用在管片封顶块顶推侧。管片选择 C3D8 单元模拟，撑靴板按刚体考虑，采用位移方式加载。管片封顶块数值模型加载方式如图 5-70 所示。

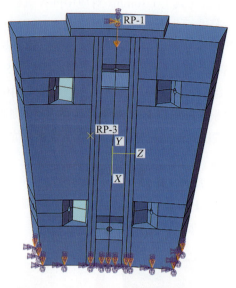

图 5-70　管片封顶块顶推工况加载方式

（2）荷载-位移曲线

根据 ABAQUS 对含不同钢纤维掺量的管片封顶块的计算结果，分析作用在撑靴板上的荷载-位移曲线，如图 5-71 所示。

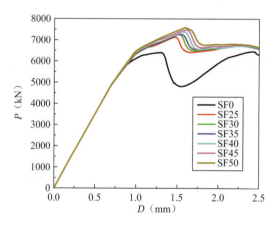

图 5-71　管片封顶块顶推荷载-位移曲线

P-撑靴板荷载；D-位移

从图 5-71 中可以看出，在位移加载情况下，封顶块撑靴板峰值荷载随纤维掺量的增加而增加；在到达峰值荷载前，荷载-位移呈接近线性关系，单液压缸极限荷载未超出该线性范围，表明在盾构机顶推液压缸满负荷作用下，管片封顶块未达到破坏状态。

（3）损伤分布情况

结合 ABAQUS 数值分析结果，对 SF0 和 SF40 管片封顶块在不同加载阶段的拉伸损伤开展情况进行分析，如图 5-72、图 5-73 所示。

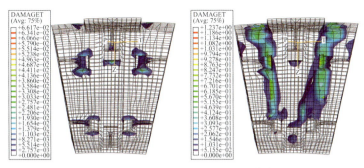

a) 位移 0.54mm　　　　　　　　b) 位移 1.30mm

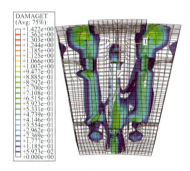

c) 位移 1.93mm

图 5-72　SF0 管片封顶块在顶推作用下的损伤开展情况

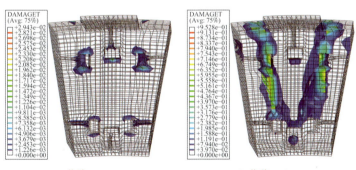

a) 位移 0.54mm　　　　　　　　b) 位移 1.58mm

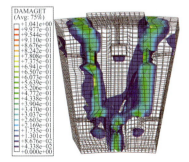

c) 位移 1.91mm

图 5-73　SF40 管片封顶块在顶推作用下的损伤开展情况

在图 5-72 所示，对 SF0 管片封顶块在撑靴板竖向位移分别为 0.54mm（对应撑靴板荷载为 3760kN 左右）、1.30mm（对应撑靴板达到峰值荷载）和 1.93 mm（对应峰后段）时的损伤情况进行分析。可以看出，当撑靴板荷载为 3760kN 左右（已超出顶推液压缸极限压力）时，SF0 管片封顶块仅于手孔边缘和螺栓孔位置处出现了程度较小拉伸损伤；当撑靴板达到峰值荷载时，撑靴板边缘处形成贯穿上部环向螺栓孔与下方纵向螺栓孔延伸的损伤带，整体呈 V 形分布；当撑靴板到达峰后荷载时，撑靴板下方的 V 形损伤带有一定的扩展。

在图 5-73 对 SF40 管片标准块在撑靴板竖向位移分别为 0.54mm（对应撑靴板荷载为 3760kN 左右）、1.58mm（对应撑靴板达到峰值荷载）和 1.91mm（对应峰后段）时的损伤情况进行分析。从图中可以看出，SF40 管片封顶块在顶推作用下的损伤开展规律与 SF0 管片封顶块基本一致，但 SF40 管片标准块在各加载阶段下的损伤开展情况明显弱于对应 SF0 管片标准块，体现出了钢纤维混凝土在抗裂方面的优势。

（4）环向应力分布情况

结合 ABAQUS 数值分析结果，对 SF0 和 SF40 管片封顶块分别在撑靴板荷载均为 3760kN 左右时环向应力的分布情况进行了分析，如图 5-74 所示。

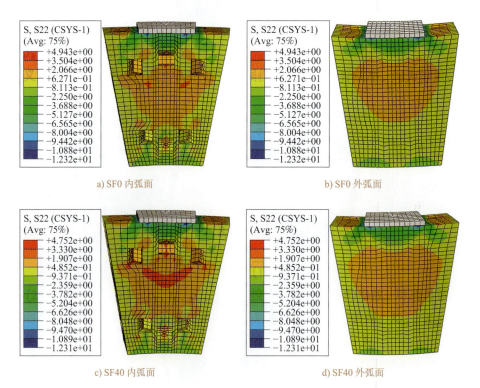

a) SF0 内弧面　　　　　　　　　　b) SF0 外弧面

c) SF40 内弧面　　　　　　　　　d) SF40 外弧面

图 5-74　SF0 与 SF40 管片封顶块在撑靴板荷载均为 3760kN 左右时的环向应力分布情况

从图 5-74 中可以看出，在撑靴板作用荷载为 3760kN 左右时，SF0 与 SF40 管片封顶块位于撑靴板下方有环向拉应力分布，在手孔处也有较小的环向拉应力分布。结合图 5-72a）和图 5-73a）可知，在撑靴板作用荷载为 3760kN 左右时，SF0 与 SF40 管片封顶块仅在手孔边缘和螺栓孔位置处出现了程度较小的拉伸损伤。

5.6　结论

（1）通过对无筋钢纤维混凝土管片标准块进行正弯和负弯数值分析对比发现，无论考虑手孔、螺栓孔与否，正弯与负弯加载下含钢纤维的管片标准块的抗弯荷载随钢纤维掺量的增加而增加，在到达峰值后均随挠度增加而缓慢下降，表现出了显著的抗弯韧性，而素混凝土管片具有明显的脆性，且相同钢纤维掺量下负弯峰值荷载以及残余荷载均要大于正弯加载情况；对比考虑手孔、螺栓孔与否，无筋钢纤维混凝土管片标准块的抗弯性能数值分析表明，相同钢纤维掺量与加载方式下，考虑手孔、螺栓孔的无筋钢纤维混凝土管片标准块抗弯峰值荷载要小于无手孔、螺栓孔情况，并且研究结果表明，考虑手孔、螺栓孔的无筋钢纤维混凝土管片标准块在受弯时产生的损伤位置主要受手孔、螺栓孔影响。

（2）对于无筋钢纤维混凝土管片标准块与标准块连接结构，在相同螺栓连接情况下，钢纤维掺量对管片标准块连接结构抗弯性能有明显影响，整体上表现为钢纤维掺量越大，管片标准块连接结构的抗弯性能越好；在连接结构弯曲过程中，各钢纤维掺量下接缝张开量-挠度曲线基本重合，呈线性关系。在钢纤维掺量相同的情况下，9.8级弯螺栓连接下无筋钢纤维混凝土管片标准块与标准块连接结构的抗弯性能要强于8.8级弯螺栓连接情况。

对于无筋钢纤维混凝土管片左、右邻接块加封顶块连接结构，在相同螺栓连接情况下，钢纤维掺量对连接结构抗弯性能影响明显，表现为随着钢纤维掺量的增加连接结构抗弯性能越强。在连接结构弯曲前期，各钢纤维掺量下接缝张开量-挠度曲线基本重合，呈线性关系；当各钢纤维掺量下管片封顶块开始出现贯通损伤，接缝张开量-挠度也在对应位置处出现不同程度的弯折。在钢纤维掺量相同的情况下，9.8级弯螺栓连接下无筋钢纤维混凝土管片左、右邻接块加封顶块连接结构的抗弯性能要强于8.8级弯螺栓连接情况。

（3）在顶推工况下，对于无筋钢纤维混凝土管片标准块，在等位移加载情况下，相同钢纤维掺量的标准块两侧撑靴板的荷载-位移曲线几乎一致，中间撑靴板的峰值荷载高于两侧撑靴板，且峰值荷载均随纤维掺量的增加而增加；当作用在标准块3个撑靴板的荷载均为峰后荷载时，在3个撑靴板的下方均会形成V形损伤带，在相同位移加载情况下，钢纤维掺量越高损伤程度越小。

对于无筋钢纤维混凝土管片邻接块，在等位移加载情况下，相同钢纤维掺量的邻接块两侧撑靴板的荷载-位移曲线不再一致，靠近邻接块纵向斜面侧撑靴板的荷载峰值要稍低于靠近邻接块纵向竖直面侧撑靴板的荷载峰值，中间撑靴板的峰值荷载依然高于两侧撑靴板，且各撑靴板峰值荷载均随纤维掺量的增加而增加；当3个撑靴板均为峰后荷载时，在3个撑靴板的下方均会形成V形损伤带，在相同位移加载情况下，钢纤维掺量越高损伤程度越小。

对于无筋钢纤维混凝土管片封顶块，作用在其上撑靴板的峰值荷载随纤维掺量的增加而增加；当撑靴板上的荷载达到峰值荷载时，封顶块下方就已形成 V 形损伤带。

综合而言，在钢纤维掺量相同情况下，管片封顶块能承受的极限顶推荷载要小于标准块和邻接块。在作用荷载为顶推液压缸的极限推力时，管片标准块和邻接块仅于撑靴板间隔中间位置出现拉伸损伤，但该处损伤程度较小，处于初始开裂情况，且此时损伤主要发生在管片表面；由于混凝土表面缺乏有效保护，在顶推时易在撑靴板间隔中间位置形成开裂，而由于钢纤维在混凝土分布的均匀性，表层混凝土也能起到抗裂的作用，表现为钢纤维混凝土管片顶推时在撑靴板作用位置中间处的低损伤情况。

EXPERIMENTAL AND RELIABILITY STUDY ON
THE STEEL FIBER REINFORCED CONCRETE
SHIELD TUNNEL SEGMENT OF SUBWAY

地 铁 钢 纤 维 混 凝 土 盾 构 管 片 结 构 试 验 及 可 靠 性 研 究

第 6 章
钢纤维混凝土管片
应用案例分析

6.1 引言

钢纤维混凝土管片主要分为适筋钢纤维混凝土管片、减筋钢纤维混凝土管片及无筋钢纤维混凝土管片三种形式，不同形式的钢纤维混凝土管片有着不同的应用条件，需结合实际应用工程条件进行针对性设计。

本章基于深圳地铁 16 号线阿波罗站—阿波罗南站区间与深圳地铁 8 号线三期试车线两个案例，对三种形式的钢纤维混凝土管片抗弯性能以及成本进行分析。分析过程中，采用考虑钢纤维影响的损伤本构模型，利用 ABAQUS 构建数值模型，并采用嵌入方式考虑钢筋的影响，系统分析了不同应用情况下钢筋混凝土管片与钢纤维混凝土管片三点弯曲与四点弯曲性能差异，并对钢纤维混凝土管片以及相应被替代的钢筋混凝土管片进行成本分析。

6.2 案例一：深圳地铁 16 号线阿波罗站—阿波罗南站区间

6.2.1 工程概况

深圳地铁 16 号线阿波罗站—阿波罗南站区间出阿波罗站后下穿大福工业区呈南-北走向，进入求水岭山体，下穿永勤路公路隧道、高压铁塔，出山体后下穿山水一路综合管廊，后进入阿波罗南站，如图 6-1 所示。区间采用盾构法施工，从阿波罗站始发，阿波罗南站接收。该区间左线长 533.786m，右线长 526.993m。

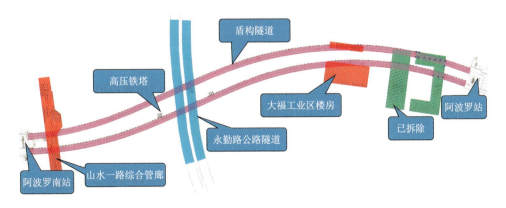

图 6-1　深圳地铁 16 号线阿波罗站—阿波罗南站区间线路情况

根据地质勘察资料（图 6-2），该区间覆土 9.6～69m，线路纵坡为 6.526‰。区间主要穿越地层为粉质黏土、砂质黏性土、全风化花岗岩、全风化砂岩、块状强风化砂岩、土状强风化砂岩、中风化砂岩。

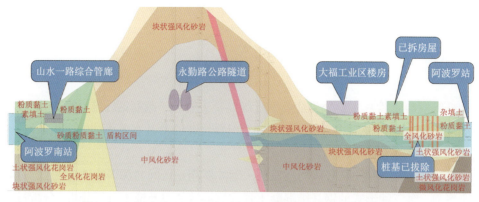

图 6-2 深圳地铁 16 号线阿波罗站—阿波罗南站区间地质剖面

6.2.2 配筋方案

深圳地铁 16 号线阿波罗站—阿波罗南站区间原设计方案有两种配筋形式：区间端头进洞及出洞各 2 环、土岩交界地段、下穿部分风险源采用加强型配筋（II型）；区间其他管片配筋均采用标准配筋（I型）。其中I型管片 283 环、II型管片 425 环。管片标准块配筋图如图 6-3 所示。

对于管片标准块，其I型管片内侧配筋为 4⌽20 + 6⌽18，外侧配筋 12⌽18，含钢量 157kg/m³；II型管片内侧配筋为 4⌽22 + 6⌽20，外侧配筋 12⌽20，含钢量 178kg/m³。

基于应用钢纤维混凝土管片的需要，对原设计方案I型管片进行调整，最终确定为减筋钢纤维混凝土管片方案，其标准块配筋如图 6-4 所示。该减筋钢纤维混凝土管片标准块钢纤维掺量为 35kg/m³，内侧配筋 8⌽16，外侧配筋 8⌽16，总含钢量为 111kg/m³。

6.2.3 管片标准块抗弯对比分析

使用ABAQUS并应用钢纤维混凝土损伤模型对深圳地铁16号线阿波罗站—阿波罗南站区间I型、II型管片标准块以及减筋钢纤维混凝土管片标准块进行抗弯分析，并对在I型管片基础上掺加 25kg/m³ 钢纤维的加强管片标准块进行分析。

1）模型设置

使用 ABAQUS 构建管片标准块数值模型，并应用考虑钢纤维影响的混凝土损伤本构模型进行分析。管片模型采用 C3D8 单元，并采用 T3D2 桁架单元构建钢筋笼，钢筋笼与管片标准块之间采用嵌入方式进行连接。考虑到嵌入方式连接要求，管片单元节点平顺分布，由于螺栓孔尺寸较小，故在对考虑螺栓孔的管片进行网格划分时会出现局部网格的扭曲，这不利于钢筋嵌固的抗弯计算，故在对管片标准块分析时仅考虑手孔而忽略螺栓孔的影响。在进行抗弯模拟分析时，主要针对三点抗弯性能和四点抗弯性能进行对比分析，加载方式如图 6-5 所示。分析时，保持管片标准块中间加载点作用位置处仅有竖直向下的位移自由度，无其他方向自由度及转动自由度，两支承点处均为简支约束。

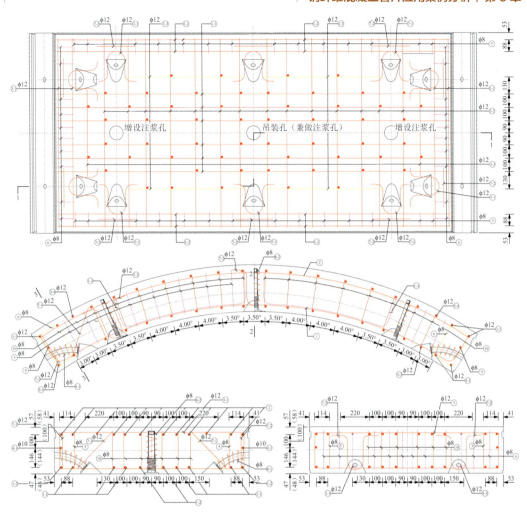

图 6-3 深圳地铁 16 号线阿波罗站—阿波罗南站
区间管片标准块配筋（尺寸单位：mm）

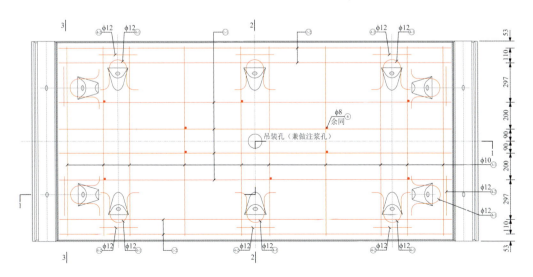

图 6-4

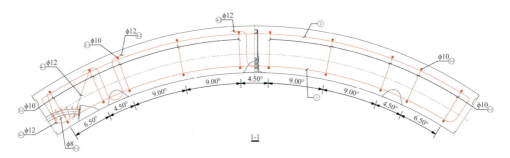

图6-4 深圳地铁16号线阿波罗站—阿波罗南站区间减筋钢纤维混凝土管片标准块配筋（尺寸单位：mm）

a) 三点加载　　　　　　　　　　　　b) 四点加载

图6-5 管片标准块数值模型加载方式

基于图6-3中的配筋形式构建钢筋桁架来模拟分析I型、II型管片以及钢纤维加强管片［图6-6a）］，其中钢筋截面积可根据实际尺寸进行修改；并基于图6-4构建减筋钢纤维混凝土管片进行分析，如图6-6b）所示。

a) I型、II型普通管片　　　　　　　　b) 减筋钢纤维管片

图6-6 管片标准块数值模型钢筋形式

在管片配筋中，主筋均采用三级钢筋（即HRB400），箍筋均采用一级钢筋（即HPB300）。钢筋本构模型采用图5-47所示的双折线本构模型，相关参数见表6-1。

钢筋本构参数　　　　　　　　　　　　　　表6-1

钢筋型号	E_s（GPa）	E_s'（GPa）	σ_y（MPa）	σ_u（MPa）
HRB400	206	2.06	400	500
HPB300	206	2.06	300	375

注：E_s为钢材弹性模量，E_s'为钢材强化模量，σ_y为钢材屈服应力，σ_u为钢材极限应力。

2）数值结果对比分析

（1）三点抗弯分析

在对I型管片标准块进行三点抗弯数值分析时，混凝土本构使用素混凝土本构模型，钢筋本构模型参数参照表6-1中取值。基于计算结果，对I型管片标准块的荷载-挠度关系以及受拉钢筋应力随挠度的变化规律进行了分析（图6-7），并分析了不同加载阶段管片标准块的环向应力分布情况、管片损伤情况以及钢筋应力分布情况（图6-8）。

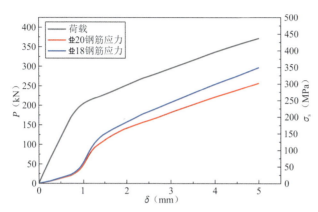

图6-7 三点弯曲下I型管片标准块荷载-挠度关系以及受拉钢筋应力情况

P-荷载；δ-抗弯挠度；σ_s-钢筋应力；余下同

从图6-7中可以看出，三点弯曲下I型管片标准块荷载-挠度曲线整体上呈近似双折线状；拉伸钢筋应力随挠度变化情况则呈现S形曲线，且在管片跨中挠度为5mm时钢筋未达到屈服。计算结果表明，I型管片标准块在抗弯时，ф20钢筋混凝土受拉应力要小于ф18钢筋混凝土。在素混凝土没有出现损伤时，其荷载与挠度呈线性关系，受拉钢筋应力也随挠度增加而增加；当素混凝土开始出现损伤后，钢筋开始起到主要抗拉作用，其应力相应快速增加，I型管片标准块荷载-挠度曲线开始出现弯折；在素混凝土进入残余阶段后，钢筋应力随挠度的增加速率趋稳，呈近似线性关系，相应I型管片标准块在该阶段的荷载与挠度也呈现近似线性关系。

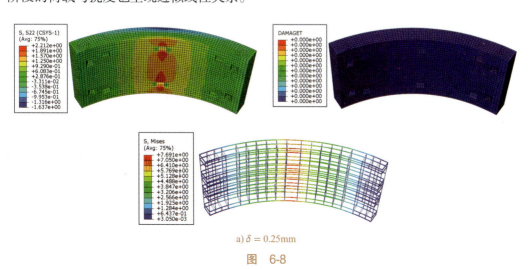

a) $\delta = 0.25$mm

图 6-8

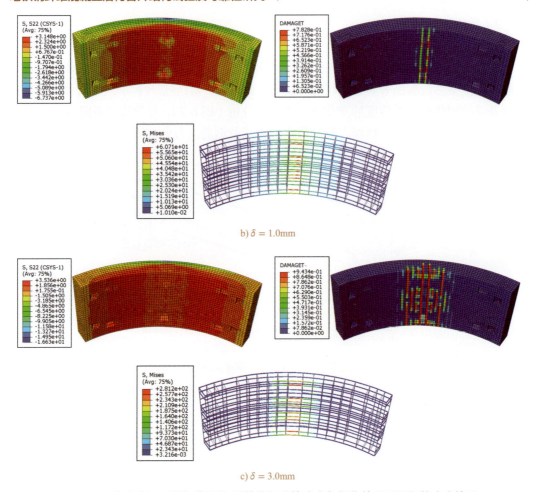

b) $\delta = 1.0$mm

c) $\delta = 3.0$mm

图 6-8　三点弯曲下不同加载阶段 I 型管片标准块应力与损伤情况以及钢筋应力情况

图 6-8 分析了挠度为 0.25mm、1.0mm 和 3.0mm 时 I 型管片标准块在三点弯曲加载下的应力分布情况、损伤分布情况以及钢筋应力情况。从图中可以看出，当挠度为 0.25mm 时，I 型管片标准块未产生损伤，可认为 I 型管片标准块此时处于弹性阶段；当挠度为 1.0mm 时，受应力集中影响，I 型管片标准块在内侧中间手孔边缘出现损伤，相应管片跨中处的中性轴向受压侧有所偏移，此时内侧钢筋在跨中处的拉伸应力增加；当挠度为 3.0mm 时，I 型管片标准块在内侧跨中周边出现弥散性损伤分布，这表明钢筋起到了很好的拉伸传递作用，管片跨中附近的应力中性轴渐次向受压侧偏移。

基于计算结果，对 II 型管片标准块在三点弯曲加载下的荷载-挠度关系以及受拉钢筋应力随挠度变化规律进行了分析（图 6-9），并分析了不同加载阶段管片标准块的环向应力分布情况、管片损伤情况以及钢筋应力分布情况（图 6-10）。

从图 6-9 中可以看出，和 I 型管片标准块相似，三点弯曲下 II 型管片标准块荷载-挠度曲线整体上呈近似双折线状；拉伸钢筋应力随挠度变化情况则呈现 S 形曲线，且在管片跨中挠度为 5mm 时钢筋未达到屈服。计算结果表明，II 型管片标准块在抗弯时ϕ22 钢筋受拉应力要小于ϕ20 钢筋。曲线整体规律与 I 型管片标准块相似。由于 II 型管片标准块的主筋直径大于I型管片标准块，在相同挠度下可承受更高的弯曲荷载。

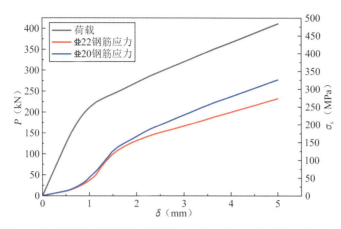

图6-9 三点弯曲下II型管片标准块荷载-挠度关系以及受拉钢筋应力情况

图6-10分析了挠度为0.25mm、1.0mm和3.0mm时II型管片标准块在三点弯曲加载下的应力分布情况、损伤分布情况以及钢筋应力情况。总体规律与I型管片相近。

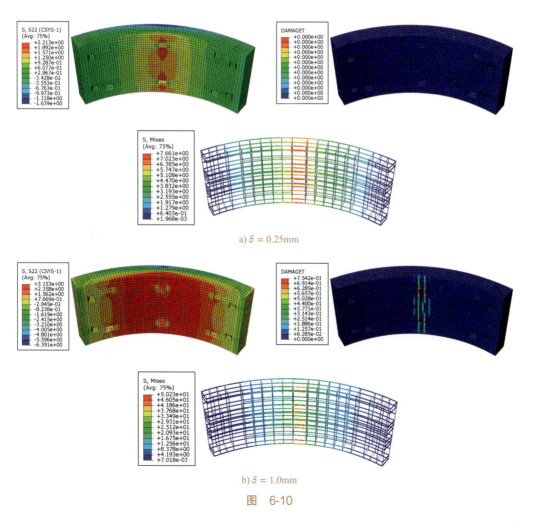

a) $\delta = 0.25\text{mm}$

b) $\delta = 1.0\text{mm}$

图 6-10

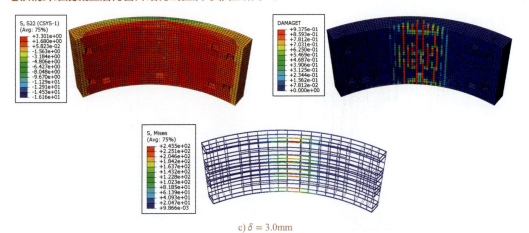

c) $\delta = 3.0$mm

图 6-10 三点弯曲下不同加载阶段II型管片标准块应力与损伤情况以及钢筋应力情况

基于计算结果，对钢纤维掺量为 35kg/m³ 的减筋钢纤维混凝土管片标准块在三点弯曲加载下的荷载-挠度关系以及受拉钢筋应力随挠度变化规律进行了分析（图 6-11），并分析了不同加载阶段管片标准块的环向应力分布情况、管片损伤情况以及钢筋应力分布情况（图 6-12）。

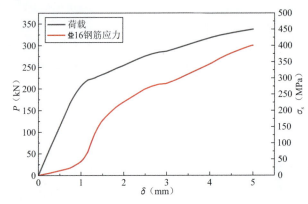

图 6-11 三点弯曲下减筋钢纤维混凝土管片标准块荷载-挠度关系以及受拉钢筋应力情况

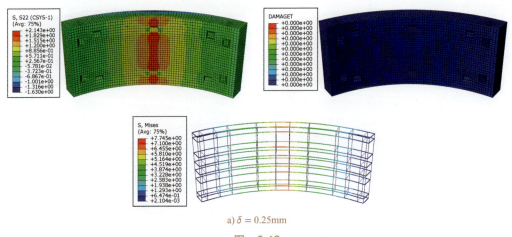

a) $\delta = 0.25$mm

图 6-12

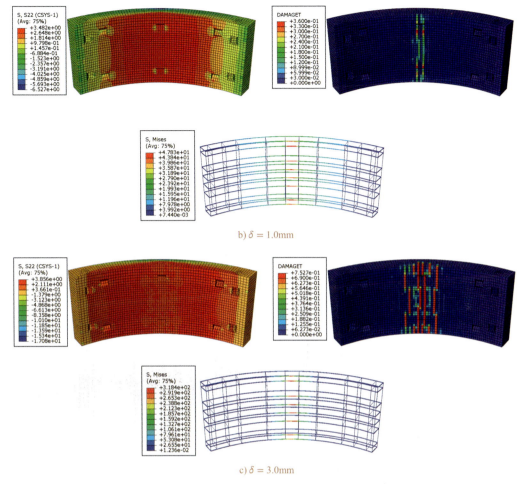

图 6-12　三点弯曲下不同加载阶段减筋钢纤维混凝土管片标准块应力与损伤情况以及钢筋应力情况

从图 6-11 中可以看出，三点弯曲下减筋钢纤维混凝土管片标准块荷载–挠度曲线整体上也呈近似双折线状，由于钢筋量的减少，在荷载–挠度曲线强化段稍有波动；拉伸钢筋应力随挠度变化情况则呈现 S 形曲线，且在管片跨中挠度为 5mm 时钢筋接近屈服。对于减筋钢纤维混凝土管片标准块而言，钢筋含量减少使得单根钢筋所承受的应力增加，由于 SF35 钢纤维混凝土具备一定的残余抗拉性能，使得减筋钢纤维混凝土管片标准块也具备优良的抗弯性能。

图 6-12 分析了挠度为 0.25mm、1.0mm 和 3.0mm 时减筋钢纤维混凝土管片标准块在三点弯曲加载下的应力分布情况、损伤分布情况以及钢筋应力情况。可以看出，在挠度均为 1.0mm 或 3.0mm 情况下，减筋钢纤维混凝土管片标准块的损伤要小于I型和II型管片。

对于在三点弯曲加载下的基于I型钢纤维加强管片标准块，其钢纤维掺量为 25kg/m³，属于适筋钢纤维混凝土管片类型，对其荷载–挠度关系以及受拉钢筋应力随挠度变化规律进行了相关分析（图 6-13），并分析了不同加载阶段管片标准块的环向应力分布情况、管片损伤情况以及钢筋应力分布情况（图 6-14）。

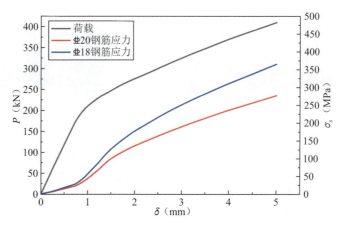

图 6-13　三点弯曲下适筋钢纤维混凝土管片标准块荷载-挠度关系以及受拉钢筋应力情况

从图 6-13 中可以看出，三点弯曲下适筋钢纤维混凝土管片标准块荷载-挠度曲线整体上也呈近似双折线状；拉伸钢筋应力随挠度变化情况则呈现 S 形曲线，在管片跨中挠度为 5mm 时钢筋未达到屈服。适筋钢纤维混凝土管片标准块在抗弯时 ⌀20 钢筋混凝土受拉应力要小于 ⌀18 钢筋混凝土。可以看出，相较于I型管片，适筋钢纤维混凝土管片标准块的抗弯性能得到了明显的加强。

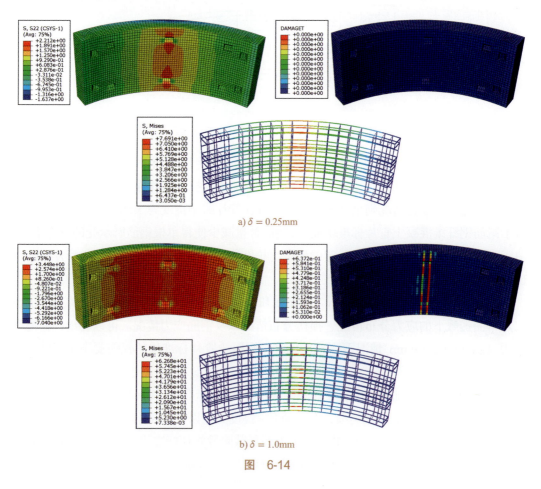

图　6-14

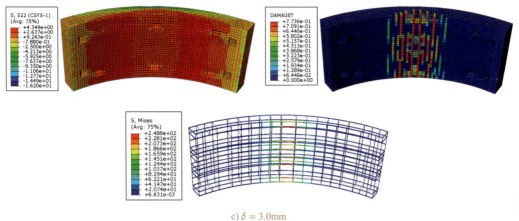

c) $\delta = 3.0$mm

图 6-14 三点弯曲下不同加载阶段适筋钢纤维混凝土管片标准块应力与损伤情况以及钢筋应力情况

图 6-14 分析了挠度为 0.25mm、1.0mm 和 3.0mm 时适筋钢纤维混凝土管片标准块在三点弯曲加载下的应力分布情况、损伤分布情况以及钢筋应力情况。总体规律与I型管片相近。由于钢纤维的存在，在挠度均为 1.0mm 或 3.0mm 情况下，适筋钢纤维混凝土管片标准块的损伤要小于I型和II型管片。

（2）四点抗弯分析

根据I型管片标准块四点抗弯数值分析结果，对I型管片标准块的荷载–挠度关系以及受拉钢筋应力随挠度的变化规律进行了分析（图 6-15），并分析了不同加载阶段管片标准块的环向应力分布情况、管片损伤情况以及钢筋应力分布情况（图 6-16）。

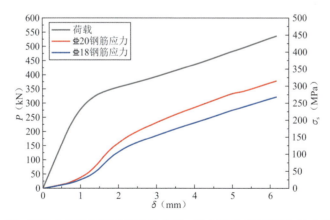

图 6-15 四点弯曲下I型管片标准块荷载–挠度关系以及受拉钢筋应力情况

从图 6-15 中可以看出，四点弯曲下I型管片标准块荷载–挠度曲线整体上呈近似双折线状；拉伸钢筋应力随挠度变化情况则呈现 S 形曲线，计算结果表明，I型管片标准块在抗弯时⌀20 钢筋混凝土受拉应力要小于⌀18 钢筋混凝土，在跨中挠度为 6mm 时均未屈服。钢筋混凝土管片的荷载–挠度曲线取决于钢筋与混凝土间的协同关系。对于I型管片标准块，在素混凝土未出现开裂损伤时，混凝土与受拉钢筋共同承担拉伸作用；在素混凝土达到其抗拉强度后，其拉伸强度迅速衰减，并出现开裂损伤，此时主要由钢筋提供拉伸应力。

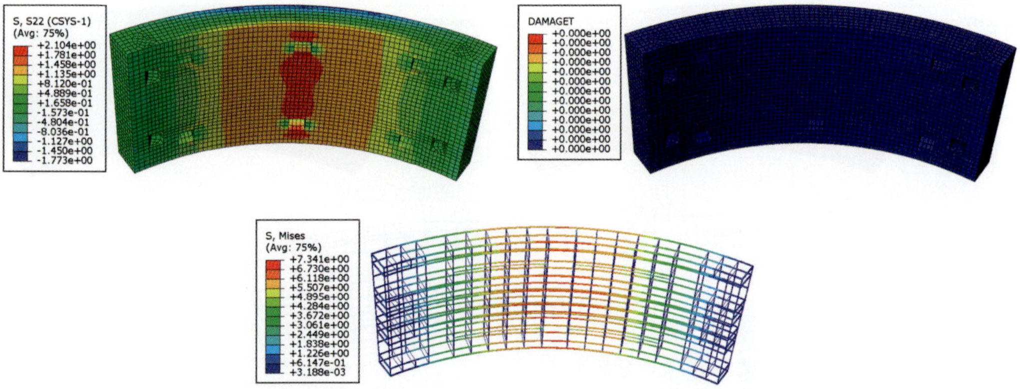

a) $\delta = 0.3$mm

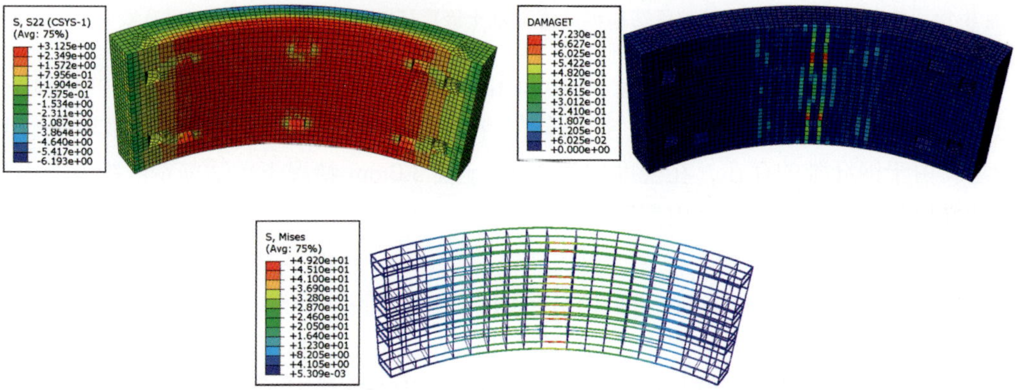

b) $\delta = 1.2$mm

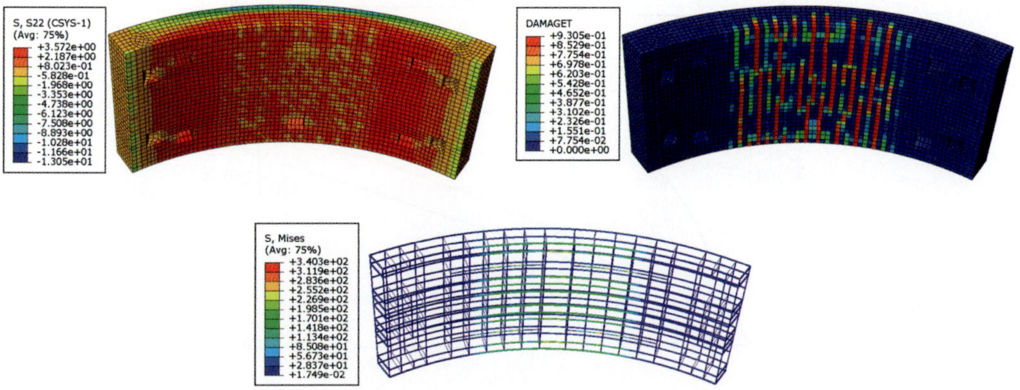

c) $\delta = 4.0$mm

图 6-16 四点弯曲下不同加载阶段I型管片标准块应力与损伤情况以及钢筋应力情况

图 6-16 分析了挠度为 0.3mm、1.2mm 和 3.0mm 时I型管片标准块在四点弯曲加载下的应力分布情况、损伤分布情况以及钢筋应力情况。从图中可以看出，当挠度为 0.3mm 时，I型管片标准块未产生损伤，可认为I型管片标准块此时处于弹性阶段，管片混凝土与钢筋协同提供拉伸与压缩作用力；当挠度为 1.2mm 时，I型管片标准块在两加载点中间的内侧分布有不同程度的损伤，受应力集中影响，管片内侧中间手孔边缘损伤程度最高，两加载点中间处的中性轴向受压侧有所偏移，此时由于混凝土提供拉力减弱，两加载点

中间处的受拉钢筋的拉伸应力逐渐增强；当挠度为 4.0mm 时，I型管片标准块在两加载点中间处出现弥散性损伤分布，这表明钢筋很好地起到了拉伸传递作用，管片在两加载点中间处的中性轴向受压侧偏移明显，且程度相当。

基于计算结果，对II型管片标准块在四点弯曲加载下的荷载-挠度关系以及受拉钢筋应力随挠度变化规律进行了分析（图 6-17），并分析了不同加载阶段管片标准块的环向应力分布情况、管片损伤情况以及钢筋应力分布情况（图 6-18）。

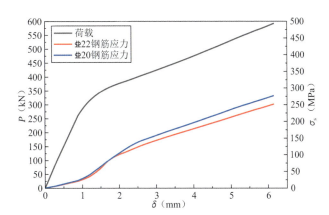

图 6-17　四点弯曲下II型管片标准块荷载-挠度关系以及受拉钢筋应力情况

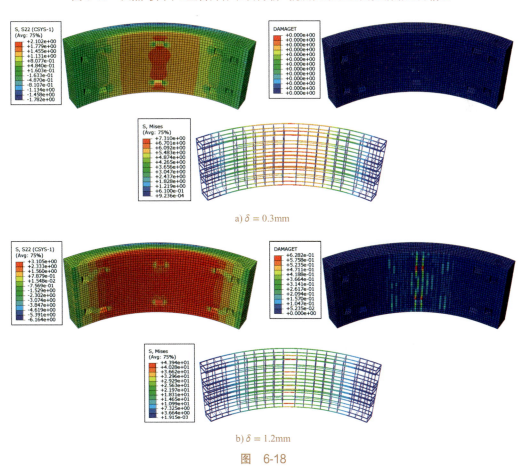

a) $\delta = 0.3\text{mm}$

b) $\delta = 1.2\text{mm}$

图　6-18

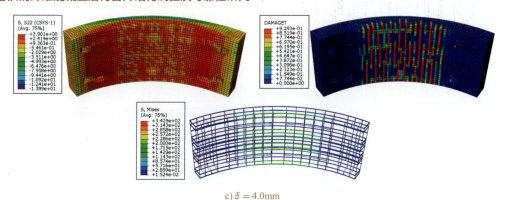

c) $\delta = 4.0$mm

图6-18 四点弯曲下不同加载阶段Ⅱ型管片标准块应力与损伤情况以及钢筋应力情况

$\delta-$抗弯挠度

从图6-17中可以看出，四点弯曲下Ⅱ型管片标准块荷载-挠度曲线受钢筋与混凝土之间协同作用的影响，整体上呈近似双折线状；拉伸钢筋应力随挠度变化情况则呈现S形曲线，计算结果表明，Ⅱ型管片标准块在抗弯时ϕ22钢筋受拉应力要小于ϕ20钢筋，在跨中挠度为6mm时均未屈服。曲线整体规律与Ⅰ型管片标准块相似。由于Ⅱ型管片标准块的主筋直径大于Ⅰ型管片标准块，在相同挠度下可承受更高的弯曲荷载。

图6-18分析了挠度为0.3mm、1.2mm和4.0mm时Ⅱ型管片标准块在四点弯曲加载下的应力分布情况、损伤分布情况以及钢筋应力情况。总体规律与Ⅰ型管片相近。

基于计算结果，对钢纤维掺量为35kg/m³的减筋钢纤维混凝土管片标准块在四点弯曲加载下的荷载-挠度关系以及受拉钢筋应力随挠度变化规律进行了分析（图6-19），并分析了不同加载阶段管片标准块的环向应力分布情况、管片损伤情况以及钢筋应力分布情况（图6-20）。

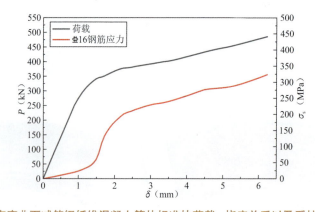

图6-19 四点弯曲下减筋钢纤维混凝土管片标准块荷载-挠度关系以及受拉钢筋应力情况

从图6-19中可以看出，四点弯曲下减筋钢纤维混凝土管片标准块荷载-挠度曲线整体上也呈近似双折线状，由于钢筋量的减少，在荷载-挠度曲线强化段稍有波动；拉伸钢筋应力随挠度变化情况则呈现S形曲线，且在管片跨中挠度为6mm时钢筋未屈服。对于减筋钢纤维混凝土管片标准块而言，虽然钢筋含量减少，但由于SF35钢纤维混凝土具备一定的残余抗拉性能，使得减筋钢纤维混凝土管片标准块也具备优良的抗弯性能。

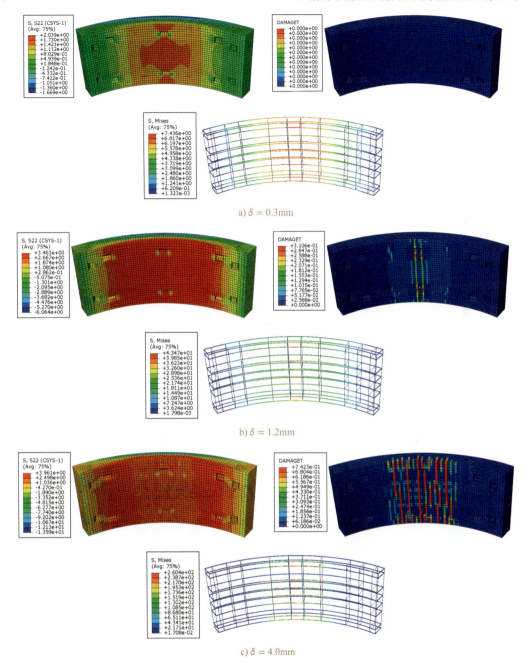

图 6-20 四点弯曲下不同加载阶段减筋钢纤维混凝土管片标准块应力与损伤情况以及钢筋应力情况

图 6-20 分析了挠度为 0.3mm、1.2mm 和 4.0mm 时减筋钢纤维混凝土管片标准块在四点弯曲加载下的应力分布情况、损伤分布情况以及钢筋应力情况。可以看出,在挠度均为 1.2mm 或 4.0mm 情况下,减筋钢纤维混凝土管片标准块的损伤程度要小于Ⅰ型和Ⅱ型管片。

Ⅰ型钢纤维加强管片标准块,其钢纤维掺量为 25kg/m³,属于适筋钢纤维混凝土管片类型。对其在四点弯曲加载下的荷载-挠度关系以及受拉钢筋应力随挠度变化规律进行相关分析(图 6-21),并分析不同加载阶段管片标准块的环向应力分布情况、管片损伤情况以及钢筋应力分布情况（图 6-22）。

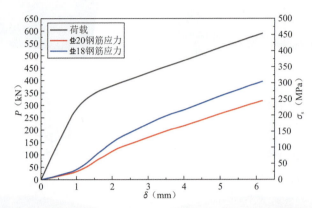

图 6-21 四点弯曲下适筋钢纤维混凝土管片标准块荷载-挠度关系以及受拉钢筋应力情况

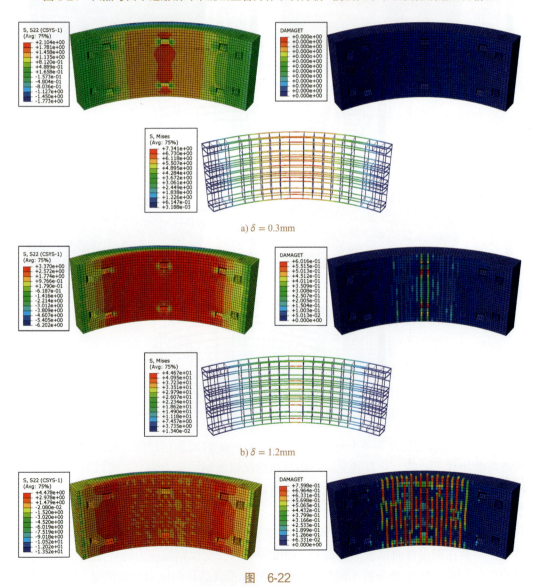

图 6-22

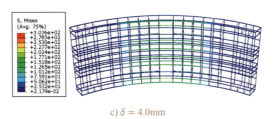

c) $\delta = 4.0$mm

图6-22　四点弯曲下不同加载阶段适筋钢纤维混凝土管片标准块应力与损伤情况以及钢筋应力情况

从图6-21中可以看出，四点弯曲下适筋钢纤维混凝土管片标准块荷载–挠度曲线整体上也呈近似双折线状；拉伸钢筋应力随挠度变化情况则呈现S形曲线，在管片跨中挠度为6mm时钢筋未达到屈服。适筋钢纤维混凝土管片标准块在四点抗弯下ϕ20钢筋混凝土受拉应力要小于ϕ18钢筋混凝土。可以看出，相较于I型管片，适筋钢纤维混凝土管片标准块的抗弯性能得到了明显的加强。

图6-22分析了挠度为0.3mm、1.2mm和4.0mm时适筋钢纤维混凝土管片标准块在三点弯曲加载下的应力分布情况、损伤分布情况以及钢筋应力情况。总体规律与I型管片相近。由于钢纤维的存在，在挠度均为1.2mm或4.0mm情况下，适筋钢纤维混凝土管片标准块的损伤要小于I型和II型管片。

图6-23对三点和四点弯曲加载下不同类型管片标准块的弯曲荷载–挠度曲线进行了对比分析。

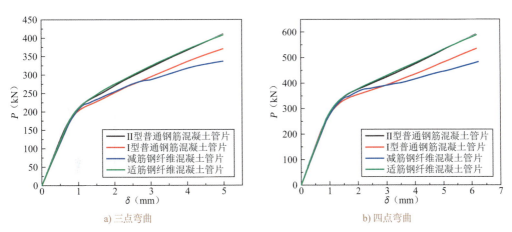

a) 三点弯曲　　　　　　　　　　　　b) 四点弯曲

图6-23　深圳地铁16号线阿波罗站—阿波罗南站区间
不同类型管片标准块弯曲荷载–挠度曲线对比

从图6-23中可以看出，三点和四点加载下不同类型管片标准块的弯曲荷载–挠度曲线受钢筋与混凝土间的协同关系影响，呈现出了双折线状的曲线形式。在弯曲加载初期，管片抗拉性能主要由混凝土提供，钢筋的影响不明显，此时相同加载方式下不同类型管片标准块的弯曲荷载–挠度曲线基本重合。当管片混凝土出现拉伸损伤开裂后，钢筋的作用逐渐体现。对比I型管片和II型管片，由于II型管片的主筋直径较大，含钢量更高，在混凝土拉伸开裂后能够提供更大的拉力，故而II型管片有着比I型管片更好的抗弯性能。针对深圳地铁16号线阿波罗站—阿波罗南站区间设计的减筋钢纤维混凝土管片，相较于Ⅰ型管片含钢量更低，在管片混凝土出现拉伸损伤开裂的初期，其抗弯承载能力要强于Ⅰ型管片，但随着挠度增加，减筋钢纤维混凝土管片中由钢纤维混凝土提供的拉力逐渐减弱，钢筋提供的拉力占比逐渐增加，此时钢筋量不足的影响才逐渐显现，对应抗弯承载能力要稍弱于Ⅰ型管片。对于基于Ⅰ型管片配筋的适筋钢纤维加强型管片，由于钢纤维的存在，在开裂后钢纤维混凝土仍能提供一定的拉力，故适筋钢纤维加强型管片抗弯性能明显优于Ⅰ型管片，在与Ⅱ型管片对比时可以发现，适筋钢纤维加强型管片的抗弯性能与Ⅱ型管片相当。

6.3 案例二：深圳地铁 8 号线三期试车线

6.3.1 工程概况

深圳地铁 8 号线三期工程为 8 号线二期工程的延长线，线路起自盐田区 8 号线二期小梅沙站后，终至大鹏新区溪涌站，途经深圳市盐田区（1.24km，33.6%）、大鹏新区（2.65km，66.4%），线路全长 3.690km；共设站 1 个，为溪涌站。于溪涌站后引出一股线路接入新建溪涌车辆段。出入线长度 2.394km（双线），溪涌车辆段内设试车线，试车线长度 1.388km，全线正线、出入线与试车线均采用地下敷设方式。

其中，试车线联络线从车辆基地咽喉区接出后向东敷设接试车线，整体呈东西向布置，西端位于车辆段易燃品库下方，东端位于上洞站西北角，中间均为穿山段。试车线隧道段设计起讫里程为 SCXK0＋147.750—SCXK1＋240.000，长 1387.75m，位于 $R150$ 圆曲线＋直线的组合线路上。两端埋深较浅地段采用明挖顺筑法施工，围护结构采用钻孔桩＋内支撑、钻孔桩＋锚杆、放坡的支护形式；西端约 141m 主要穿越地层为中、微风化花岗岩，综合考虑接触网导高过渡、轨底检查坑、TBM 空推等因素，采用矿山法施工。中间穿山段采用 TBM 法施工，采用内径 5.5m、外径 6.2m 的管片。

图 6-24 展示了深圳地铁 8 号线三期试车线的地层分布情况。由图可知，区间隧道覆土厚度 2~160m；隧道西端明挖段与路基段相接，西端头设置出地面楼梯间，试车线隧道 TBM 穿山段上跨车辆段出入线，结构净距 7.05m。试车采用 2‰的上坡。两端明挖段主要为素填土及全、强、中风化花岗岩，基坑深度 3~19.5m；矿山法段穿越中、微风化花岗岩；穿山段主要穿越微风化花岗岩，采用 TBM 法施工。

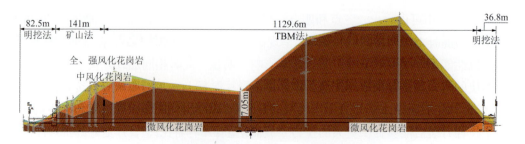

图 6-24 深圳地铁 8 号线三期试车线地质剖面

6.3.2 配筋方案

深圳地铁 8 号线三期试车线钢筋混凝土管片标准块配筋如图 6-25 所示。

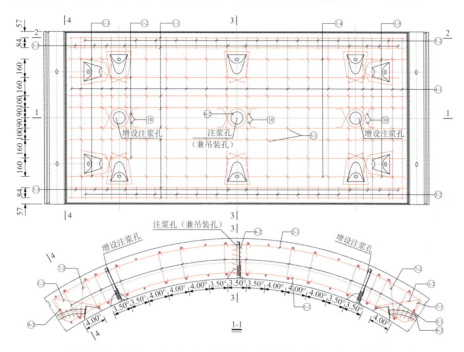

图 6-25 深圳地铁 8 号线三期试车线管片标准块配筋（尺寸单位：mm）

对于入岩段管片标准块，内、外侧配筋均为 12⌀16，含钢量 140kg/m³。在应用钢纤维混凝土管片进行设计时，提出了无筋和减筋钢纤维混凝土管片方案，如图 6-26、图 6-27 所示。其中，减筋钢纤维混凝土标准块钢纤维掺量为 35kg/m³，内侧配筋 8⌀14，外侧配筋 8⌀14，总含钢量为 98kg/m³；无筋钢纤维混凝土标准块钢纤维掺量为 40kg/m³，内、外侧配筋 4⌀10，该配筋主要为辅助配筋，总含钢量为 65kg/m³。

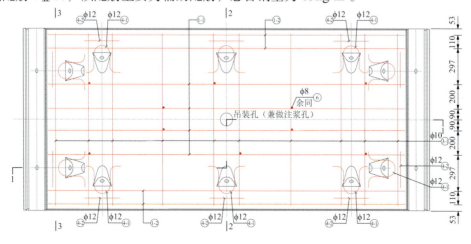

图 6-26

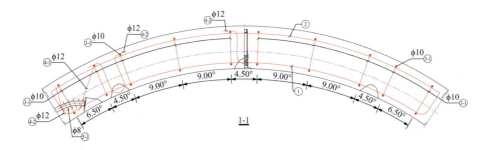

图 6-26 深圳地铁 8 号线三期试车线入岩段减筋钢纤维混凝土管片标准块配筋（尺寸单位：mm）

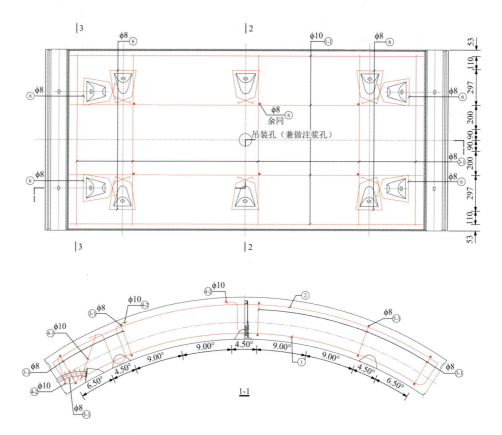

图 6-27 深圳地铁 8 号线三期试车线入岩段无筋钢纤维混凝土管片标准块配筋（尺寸单位：mm）

6.3.3 管片标准块抗弯对比分析

使用 ABAQUS 并应用钢纤维混凝土损伤模型对深圳地铁 8 号线试车线入岩段普通钢筋混凝土管片标准块以及少筋和减筋钢纤维混凝土管片标准块进行抗弯模拟分析。

1）模型设置

ABAQUS 模型加载与图 6-5 一致。基于图 6-25、图 6-26 与图 6-27 中的配筋形式构建钢筋桁架来分别模拟分析普通钢筋混凝土管片、减筋和无筋钢纤维混凝土管片，如图 6-28 所示。

a) 普通钢筋混凝土管片

b) 减筋钢纤维混凝土管片

c) 无筋钢纤维混凝土管片

图 6-28　深圳地铁 8 号线三期管片标准块数值模型钢筋形式

2) 数值结果对比分析

(1) 三点抗弯分析

在对深圳地铁 8 号线试车线入岩段普通钢筋混凝土管片标准块进行三点抗弯数值分析时，混凝土本构使用素混凝土本构模型，钢筋本构模型参数参照表 6-1 取值。基于计算结果，对普通钢筋混凝土管片标准块的荷载-挠度关系以及受拉钢筋应力随挠度变化规律进行了分析（图 6-29），并分析了不同加载阶段管片标准块的环向应力分布情况、管片损伤情况以及钢筋应力分布情况（图 6-30）。

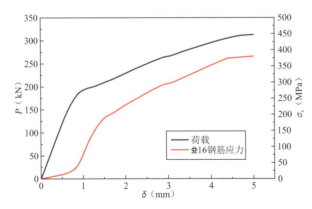

图 6-29　三点弯曲下深圳地铁 8 号线试车线普通钢筋混凝土管片标准块荷载-挠度关系以及受拉钢筋应力情况

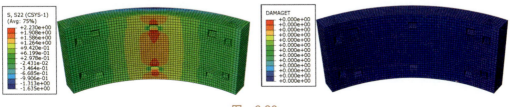

图　6-30

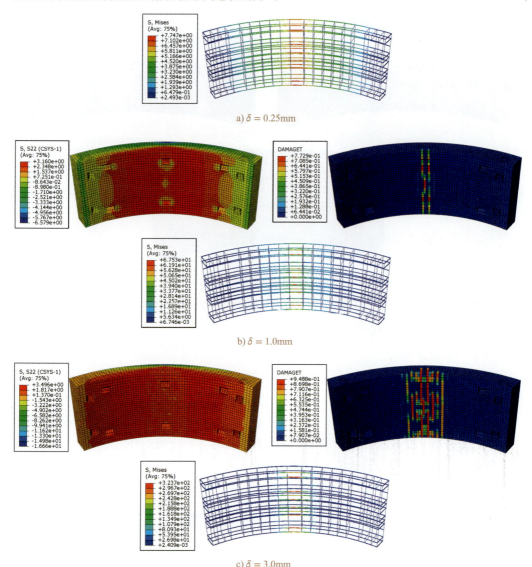

a) $\delta = 0.25$mm

b) $\delta = 1.0$mm

c) $\delta = 3.0$mm

图 6-30 三点弯曲下不同加载阶段普通钢筋混凝土管片标准块应力与损伤情况以及钢筋应力情况

从图 6-30 中可以看出，受混凝土与钢筋的协同作用影响，三点弯曲下深圳地铁 8 号线试车线普通钢筋混凝土管片标准块荷载-挠度曲线整体上呈近似双折线状；拉伸钢筋应力随挠度变化情况则呈现 S 形曲线，在管片跨中挠度为 5mm 时 Φ16 受力钢筋未达到屈服。在素混凝土没有出现损伤时，其荷载与挠度呈线性关系，受拉钢筋应力也随挠度增加而增加；当素混凝土开始出现损伤后，钢筋开始起到主要抗拉作用，其应力相应快速增加，普通钢筋混凝土管片标准块荷载-挠度曲线开始出现弯折；在素混凝土进入残余阶段后，钢筋应力随挠度的增加速率趋稳，呈近似线性关系，相应普通钢筋混凝土管片标准块在该阶段的荷载与挠度也呈现近似线性增长关系。

图 6-30 分析了挠度为 0.25mm、1.0mm 和 3.0mm 时深圳地铁 8 号线三期试车线入岩段普通钢筋混凝土管片标准块在三点弯曲加载下的应力分布情况、损伤分布情况以及钢筋应力情况。从图中可以看出，当挠度为 0.25mm 时，普通钢筋混凝土管片标准块未产

生损伤，可认为此时处于弹性阶段；当挠度为 1.0mm 时，受应力集中影响，普通钢筋混凝土管片标准块在内侧中间手孔边缘出现损伤，相应管片跨中处的中性轴向受压侧有所偏移，此时内侧钢筋在跨中处的拉伸应力增加；当挠度为 3.0mm 时，受钢筋与混凝土间应力传递的影响，普通钢筋混凝土管片标准块在内侧跨中周边出现弥散性损伤分布，管片跨中附近的应力中性轴渐次向受压侧偏移。

基于计算结果，对深圳地铁 8 号线三期试车线减筋钢纤维混凝土管片标准块在三点弯曲加载下的荷载–挠度关系以及受拉钢筋应力随挠度变化规律进行了分析（图 6-31），并分析了不同加载阶段管片标准块的环向应力分布情况、管片损伤情况以及钢筋应力分布情况（图 6-32）。

从图 6-31 中可以看出，三点弯曲下深圳地铁 8 号线试车线减筋钢纤维混凝土管片标准块荷载–挠度曲线整体上也呈近似双折线状，峰后阶段钢纤维混凝土产生损伤，钢筋拉伸应力增加；拉伸钢筋应力随挠度变化情况则呈现 S 形曲线，在管片跨中挠度为 5mm 时 Φ14 受力钢筋已达到屈服。对于减筋钢纤维混凝土管片标准块而言，钢筋含量减少使得单根钢筋所承受的应力增加，由于 SF35 钢纤维混凝土具备一定的残余抗拉性能，使得减筋钢纤维混凝土管片标准块也具备优良的抗弯性能。

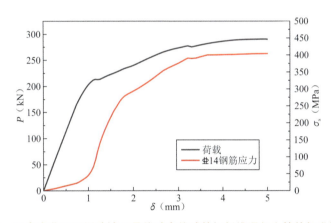

图 6-31 三点弯曲下深圳地铁 8 号线试车线减筋钢纤维混凝土管片标准块荷载–挠度关系以及受拉钢筋应力情况

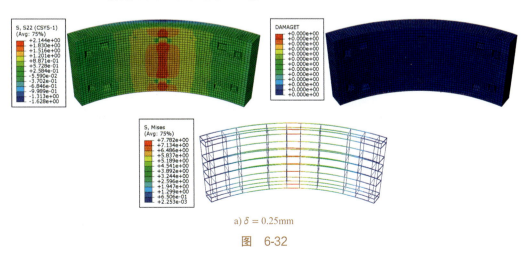

a) $\delta = 0.25$mm

图 6-32

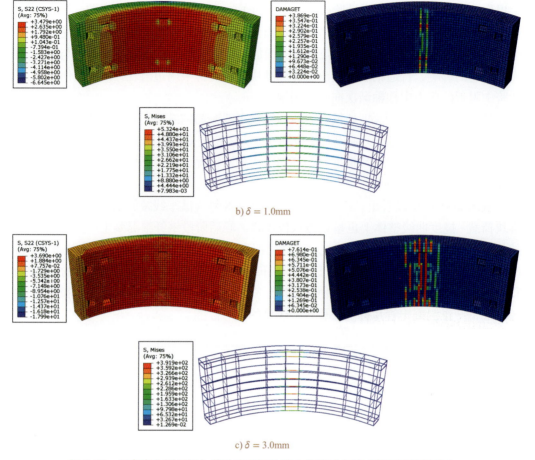

b) $\delta = 1.0$mm

c) $\delta = 3.0$mm

图 6-32　三点弯曲下不同加载阶段深圳地铁 8 号线试车线减筋钢纤维混凝土
管片标准块应力与损伤情况以及钢筋应力情况

图 6-32 分析了挠度为 0.25mm、1.0mm 和 3.0mm 时深圳地铁 8 号线试车线减筋钢纤维混凝土管片标准块在三点弯曲加载下的应力分布情况、损伤分布情况以及钢筋应力情况。可以看出，在挠度均为 1.0mm 或 3.0mm 情况下，减筋钢纤维混凝土管片标准块的损伤要小于普通钢筋混凝土管片，其他规律与普通钢筋混凝土管片相似。

对于在三点弯曲加载下的无筋钢纤维混凝土管片标准块，其钢纤维掺量为 40kg/m³，其内部布设的环向钢筋为辅助钢筋。对其荷载–挠度关系以及受拉钢筋应力随挠度变化规律进行了相关分析（图 6-33），并分析了不同加载阶段管片标准块的环向应力分布情况、管片损伤情况以及钢筋应力分布情况（图 6-34）。

从图 6-33 中可以看出，三点弯曲下无筋钢纤维混凝土管片荷载–挠度曲线在到达峰值荷载后荷载出现下降，对应该阶段下的钢筋应力出现急速攀升；随后待钢纤维混凝土到达较稳定的峰后承载力时，荷载–挠度曲线随之趋缓，钢筋应力也随之缓慢增加，在管片跨中挠度为 5mm 时 Φ10 受力钢筋达到屈服状态。由于无筋钢纤维混凝土管片标准块在环向上仅布置了 4 根较细的受拉钢筋，这些钢筋受力有限，在受弯时主要由钢纤维混凝土承受拉力，因此无筋钢纤维混凝土管片的抗弯承载性能主要由钢纤维混凝土所决定。

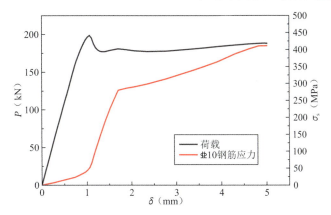

图 6-33 三点弯曲下无筋钢纤维混凝土管片标准块荷载-挠度关系以及受拉钢筋应力情况

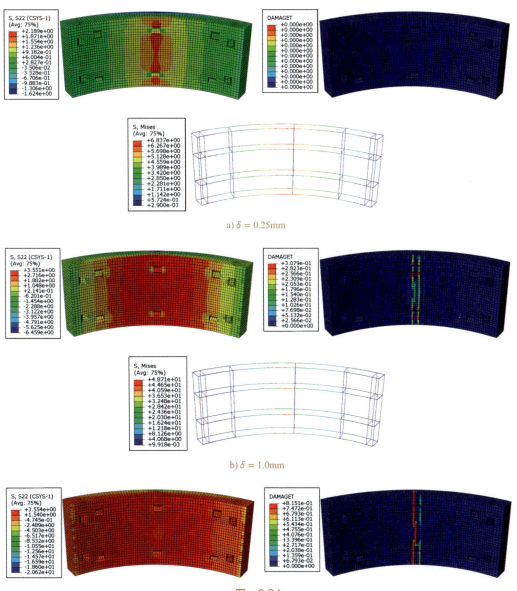

a) $\delta = 0.25$mm

b) $\delta = 1.0$mm

图 6-34

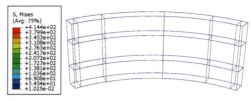

c) $\delta = 3.0$mm

图 6-34　三点弯曲下不同加载阶段无筋钢纤维混凝土管片标准块应力与损伤情况以及钢筋应力情况

图 6-34 分析了挠度为 0.25mm、1.0mm 和 3.0mm 时无筋钢纤维混凝土管片标准块在三点弯曲加载下的应力分布情况、损伤分布情况以及钢筋应力情况。从图中可以看出，当挠度为 0.25mm 时，无筋钢纤维混凝土管片标准块未产生损伤，可认为此时处于弹性阶段；当挠度为 1.0mm 时，受应力集中影响，无筋钢纤维混凝土管片标准块在内侧中间手孔边缘出现损伤，相应管片跨中处的中性轴向受压侧有所偏移；当挠度为 3.0mm 时，由于无筋钢纤维混凝土管片标准块在环向上仅布置了 4 根较细的受拉钢筋，其传递应力能力有限，故无筋钢纤维混凝土管片标准块在内侧跨中周边并没有出现弥散性损伤分布。

（2）四点抗弯分析

基于数值计算结果，对普通钢筋混凝土管片标准块的荷载-挠度关系以及受拉钢筋应力随挠度变化规律进行了分析（图 6-35），并分析了不同加载阶段管片标准块的环向应力分布情况、管片损伤情况以及钢筋应力分布情况（图 6-36）。

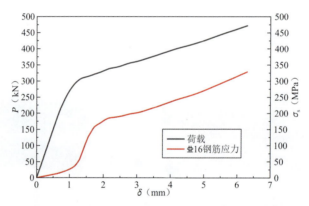

图 6-35　四点弯曲下深圳地铁 8 号线试车线普通钢筋混凝土管片标准块荷载-挠度关系以及受拉钢筋应力情况

从图 6-35 中可以看出，受混凝土与钢筋的协同作用影响，四点弯曲下深圳地铁 8 号线试车线普通钢筋混凝土管片标准块荷载-挠度曲线整体上呈近似双折线状；拉伸钢筋应力随挠度变化情况则呈现 S 形曲线，在管片跨中挠度为 6mm 时 ⌀16 受力钢筋未达到屈服。

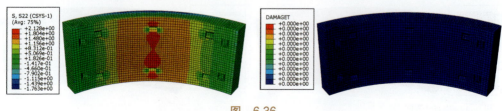

图　6-36

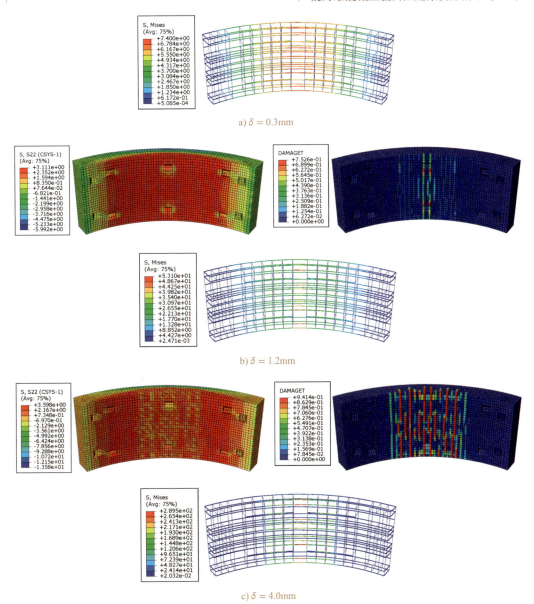

图 6-36 四点弯曲下不同加载阶段普通钢筋混凝土管片标准块应力与损伤情况以及钢筋应力情况

图 6-36 分析了挠度为 0.3mm、1.2mm 和 4.0mm 时普通钢筋混凝土管片标准块在三点弯曲加载下的应力分布情况、损伤分布情况以及钢筋应力情况。从图中可以看出，当挠度为 0.3mm 时，普通钢筋混凝土管片标准块未产生损伤，可认为此时处于弹性阶段，管片混凝土与钢筋协同提供拉伸与压缩作用力；当挠度为 1.2mm 时，普通钢筋混凝土管片标准块在两加载点中间的内侧分布有不同程度的损伤，受应力集中影响，管片内侧中间手孔边缘损伤程度最高，两加载点中间处的中性轴向受压侧有所偏移，此时由于混凝土提供拉力减弱，两加载点中间处的受拉钢筋的拉伸应力逐渐增强；当挠度为 4.0mm 时，普通钢筋混凝土管片标准块在两加载点中间处出现弥散性损伤分布，这表明钢筋很好地起到了拉伸传递作用，管片在两加载点中间处的中性轴向受压侧偏移明显，且程度相当。

基于计算结果，对深圳地铁 8 号线试车线减筋钢纤维混凝土管片标准块在四点弯曲加载下的荷载-挠度关系以及受拉钢筋应力随挠度变化规律进行了分析（图 6-37），并分析了不同加载阶段管片标准块的环向应力分布情况、管片损伤情况以及钢筋应力分布情况（图 6-38）。

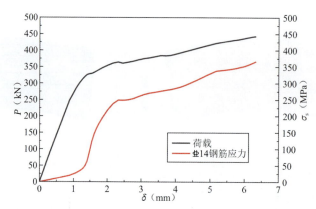

图 6-37 四点弯曲下深圳地铁 8 号线试车线减筋钢纤维混凝土管片标准块荷载-挠度关系以及受拉钢筋应力情况

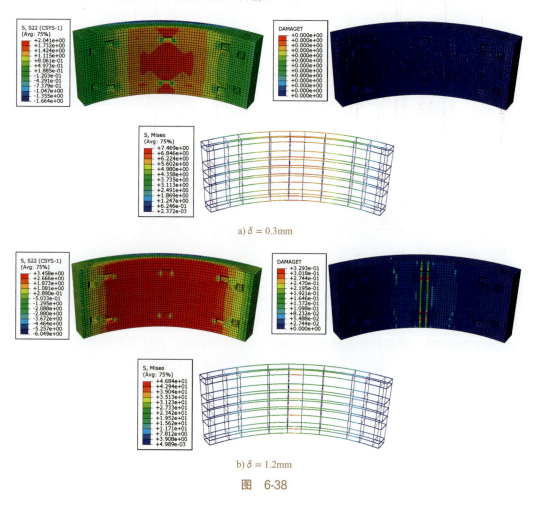

图 6-38

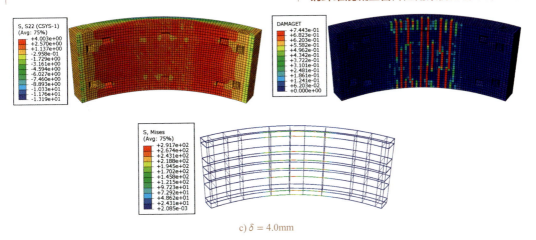

c) $\delta = 4.0\text{mm}$

图 6-38 四点弯曲下不同加载阶段减筋钢纤维混凝土管片标准块应力与损伤情况以及钢筋应力情况

从图 6-37 中可以看出，四点弯曲下减筋钢纤维混凝土管片标准块荷载-挠度曲线整体上也呈近似双折线状，由于钢筋量的减少，在荷载-挠度曲线强化段稍有波动；拉伸钢筋应力随挠度变化情况则呈现 S 形曲线，且在管片跨中挠度为 6mm 时钢筋未屈服。对于减筋钢纤维混凝土管片标准块而言，虽然钢筋含量减少，但由于 SF35 钢纤维混凝土具备一定的残余抗拉性能，使得减筋钢纤维混凝土管片标准块也具备优良的抗弯性能。

图 6-38 分析了挠度为 0.3mm、1.2mm 和 4.0mm 时深圳地铁 8 号线试车线减筋钢纤维混凝土管片标准块在四点弯曲加载下的应力分布情况、损伤分布情况以及钢筋应力情况。可以看出，在挠度均为 1.2mm 或 4.0mm 情况下，减筋钢纤维混凝土管片标准块的损伤要小于普通钢筋混凝土管片。

对于在四点弯曲加载下的无筋钢纤维混凝土管片标准块，对其荷载-挠度关系以及受拉钢筋应力随挠度变化规律进行了相关分析（图 6-39），并分析了不同加载阶段管片标准块的环向应力分布情况、管片损伤情况以及钢筋应力分布情况（图 6-40）。

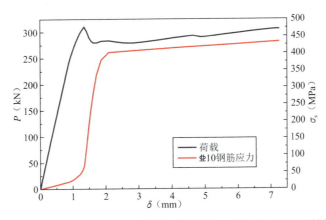

图 6-39 四点弯曲下无筋钢纤维混凝土管片标准块荷载-挠度关系以及受拉钢筋应力情况

从图 6-39 中可以看出，四点弯曲下无筋钢纤维混凝土管片荷载-挠度曲线在到达峰值荷载后出现荷载的下降，对应该阶段下的钢筋应力出现急速攀升；随后待钢纤维混凝土到达较稳定的峰后承载力时，荷载-挠度曲线随之趋缓，钢筋应力也随之缓慢增加，四点加载下的Φ10钢筋较三点加载情况更易出现屈服。由于无筋钢纤维混凝土管片标准块在环向上仅布置了 4 根较细的受拉钢筋，这些钢筋受力有限，在受弯时主要由钢纤维混凝土承受拉力，因此无筋钢纤维混凝土管片的抗弯承载性能主要由钢纤维混凝土所决定。

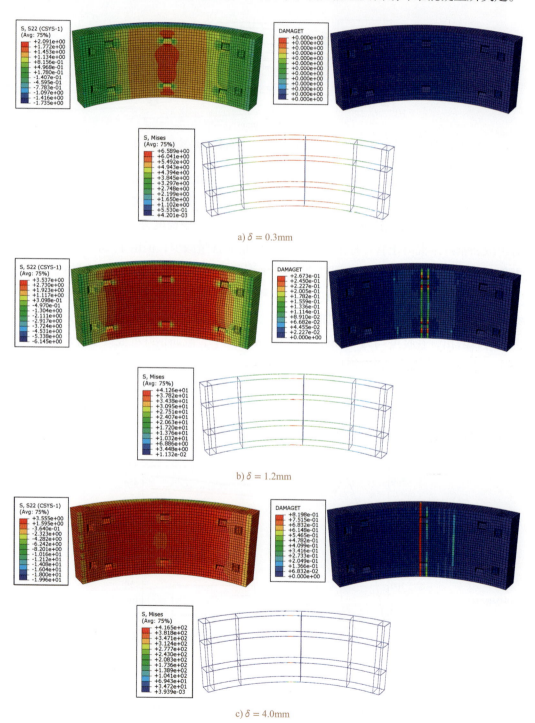

图 6-40　四点弯曲下不同加载阶段无筋钢纤维混凝土管片标准块应力与损伤情况以及钢筋应力情况

图 6-40 分析了挠度为 0.3mm、1.2mm 和 4.0mm 时无筋钢纤维混凝土管片标准块在四点弯曲加载下的应力分布情况、损伤分布情况以及钢筋应力情况。从图中可以看出，当挠度为 0.3mm 时，普通钢筋混凝土管片标准块未产生损伤，可认为此时处于弹性阶段；当挠度为 1.2mm 时，受应力集中影响，无筋钢纤维混凝土管片标准块在加载点内侧中间处出现损伤，其中手孔边缘损伤程度最大，管片在该处的中性轴向受压侧有所偏移；当挠度为 4.0mm 时，无筋钢纤维混凝土管片标准块主要在跨中手孔边缘处损伤扩展，其他处损伤扩展不多，这主要由于无筋钢纤维混凝土管片标准块在环向上仅布置了 4 根较细的受拉钢筋，其传递应力能力有限，故无筋钢纤维混凝土管片标准块在内侧跨中周边并没有出现弥散性损伤分布。

从图 6-41 中可以看出，三点和四点加载下普通钢筋混凝土管片和减筋钢纤维混凝土管片标准块的弯曲荷载-挠度曲线呈现出了双折线状的曲线形式；而无筋钢纤维混凝土管片荷载-挠度曲线在到达峰值荷载后出现荷载的下降，随后荷载稳定在一定范围。在弯曲加载初期，混凝土与钢筋协同受力，管片弯拉和弯压主要由混凝土承担，钢筋此时的作用不大，此时相同加载方式下不同类型管片标准块的弯曲荷载-挠度曲线基本重合。当管片混凝土出现拉伸损伤开裂后，由于裂缝的出现，钢筋的作用逐渐体现。对比深圳地铁 8 号线三期试车线普通钢筋混凝土管片与减筋钢纤维混凝土管片，减筋钢纤维混凝土管片的含钢量更低，由于钢纤维的存在，在管片混凝土出现拉伸损伤开裂的初期，减筋钢纤维混凝土管片抗弯承载能力要稍强于普通钢筋混凝土管片，但随着挠度增加，减筋钢纤维混凝土管片中由钢纤维混凝土提供的拉力逐渐减弱，钢筋提供的拉力占比逐渐增加，此时钢筋量不足的影响才逐渐显现，对应抗弯承载能力要稍弱于普通钢筋混凝土管片。对比无筋钢纤维混凝土管片与普通钢筋混凝土管片，在管片出现损伤开裂后，无筋钢纤维混凝土管片的抗弯承载力要小于普通钢筋混凝土管片，但无筋钢纤维混凝土管片能够保证裂后的抗弯承载力的平稳性，不会出现承载力的急速丧失。

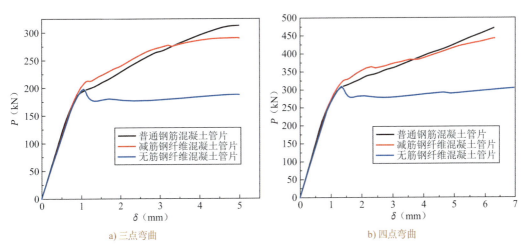

a) 三点弯曲　　　　　　　　　　　　b) 四点弯曲

图 6-41　深圳地铁 8 号线三期试车线不同类型管片标准块弯曲荷载-挠度曲线对比

P-荷载；δ-抗弯挠度

综合深圳地铁 16 号线阿波罗站—阿波罗南站区间以及深圳地铁 8 号线三期试车线的案例分析情况可知：适筋钢纤维混凝土管片有着与一般加强管片几乎一致的抗弯性能；减筋钢纤维混凝土管片在挠度不大的情况下，其抗弯性能稍强于普通钢筋混凝土管片，当变形挠度继续增加时，减筋钢纤维混凝土管片的抗弯性能要稍弱于普通钢筋混凝土管片；无筋钢纤维混凝土管片的抗弯承载力要小于普通钢筋混凝土管片，但无筋钢纤维混凝土管片裂后的抗弯承载力较稳定。可见不同类型的钢纤维管片有着不同的适用范围。无筋钢纤维混凝土管片适用于情况良好且性质较均匀的地层，能够保证管片尽量处于小偏心受压状态；减筋钢纤维混凝土管片适用于无不良地质情况的复合地层，在一定的大偏心受压范围内能够保证管片符合承载力极限状态与正常使用极限状态要求；适筋钢纤维混凝土管片适用于不良地质情况的复合地层，钢纤维主要起到辅助加强作用，严重不良地质情况下还需增加配筋。

6.4 钢纤维混凝土管片经济性分析

虽然钢纤维混凝土管片有着较好的性能，但对于其应用来说，其成本也是主要考虑的因素之一。本节结合深圳地铁 16 号线阿波罗站—阿波罗南站区间以及深圳地铁 8 号线三期试车线的案例，对不同类型钢纤维混凝土管片的成本与普通钢筋混凝土管片、加强钢筋混凝土管片进行对比。

目前，市场上用于管片的钢纤维全费用单价（含人工费、材料费、机械费、措施费、管理费、利润、规费、税金）按 14000 元/t 计算。钢筋制安的全费用单价（含人工费、材料费、机械费、措施费、管理费、利润、规费、税金）按照定额 13144.34 元/t 计算。分析结果如表 6-2 所示。

不同类型管片单环成本对比 表 6-2

工程名	管片类型	每环管片方量（m³）	钢纤维掺量（kg/m³）	钢筋含量（kg/m³）	单价组成（元/环）	全费用单价（元/环）
深圳地铁16号线阿波罗站—阿波罗南站区间	原设计I型钢筋混凝土管片	9.65 C50	—	157	混凝土管片制作：9.65×2569.69=24797.50 钢筋制安：9.65×0.157×13144.34=19914.33	44711.83
	原设计II型钢筋混凝土管片		—	178	混凝土管片制作：9.65×2569.69=24797.50 钢筋制安：9.65×0.178×13144.34=22578.03	47375.53
	适筋钢纤维混凝土管片		25	157	混凝土管片制作：9.65×2647.7=25550.30 钢筋制安：9.65×0.157×13144.34=19914.33 钢纤维添加：9.65×0.025×14000=3377.5	48842.13

续上表

工程名	管片类型	每环管片方量（m³）	钢纤维掺量（kg/m³）	钢筋含量（kg/m³）	单价组成（元/环）	全费用单价（元/环）
深圳地铁16号线阿波罗站—阿波罗南站区间	减筋钢纤维混凝土管片		35	76	混凝土管片制作：9.65×2647.7 = 25550.30 钢筋制安：9.65×0.076×13144.34 = 9640.06 钢纤维添加：9.65×0.035×14000 = 4728.50	39918.86
深圳地铁8号线三期试车线隧道（入岩段）	原设计钢筋混凝土管片	9.65 C65	—	140	混凝土管片制作：9.65×2649.06 = 25563.42 钢筋制安：9.65×0.14×13144.34 = 17758.00	43321.42
	无筋钢纤维混凝土管片		40	25	混凝土管片制作：9.65×2727.07 = 25550.31 钢筋制安：9.65×0.025×13144.34 = 3171.07 钢纤维添加：9.65×0.04×14000 = 5404.00	34125.38
	减筋钢纤维混凝土管片		35	63	混凝土管片制作：9.65×2727.07 = 25550.31 钢筋制安：9.65×0.063×13144.34 = 7972.86 钢纤维添加：9.65×0.035×14000 = 4728.50	38251.67

对于深圳地铁16号线阿波罗站—阿波罗南站区间，用减筋钢纤维混凝土管片替代原设计I型钢筋混凝土管片可节省10.72%的造价，折合每公里可节省319.53万元；用适筋钢纤维混凝土管片替代原设计II型钢筋混凝土管片则需增加3.10%的造价，折合每公里增加97.77万元。

对于深圳地铁8号线三期试车线隧道（入岩段），用减筋钢纤维混凝土管片替代原设计钢筋混凝土管片可节省11.70%的造价，折合每公里可节省337.98万元；用无筋钢纤维混凝土管片替代原设计钢筋混凝土管片可节省21.23%的造价，折合每公里可节省613.07万元。

从以上分析可以看出，用减筋或无筋钢纤维混凝土管片替代普通钢筋混凝土管片均可节省造价，其中无筋钢纤维混凝土管片节省成本最多，具有良好的经济性优势；而用适筋钢纤维混凝土管片替代加强型钢筋混凝土管片则会增加一定的造价，但增加幅度不大。

6.5 结论

通过对深圳地铁16号线阿波罗站—阿波罗南站区间以及深圳地铁8号线三期试车线的案例进行数值分析，得出主要结论如下：

适筋钢纤维混凝土管片有着与一般加强管片几乎一致的抗弯性能；减筋钢纤维混凝土管片在挠度不大的情况下，其抗弯性能稍强于普通钢筋混凝土管片，当变形挠度继续增加时，减筋钢纤维混凝土管片的抗弯性能要稍弱于普通钢筋混凝土管片；无筋钢纤维混凝土管片的抗弯承载力要小于普通钢筋混凝土管片，但无筋钢纤维混凝土管片裂后的抗弯承载力较稳定。

不同类型的钢纤维混凝土管片有着不同的适用范围。无筋钢纤维混凝土管片适用于情况良好且性质较均匀的地层，能够保证管片尽量处于小偏心受压状态；减筋钢纤维混凝土管片适用于无不良地质情况的复合地层，在一定的大偏心受压范围内能够保证管片符合承载力极限状态与正常使用极限状态要求；适筋钢纤维混凝土管片适用于不良地质情况的复合地层，钢纤维主要起到辅助加强作用，严重不良地质情况下还需增加配筋。

在成本分析方面，用减筋或无筋钢纤维混凝土管片替代普通钢筋混凝土管片均可节省造价，其中无筋钢纤维混凝土管片节省成本最多，具有良好的经济性优势；而用适筋钢纤维混凝土管片替代加强型钢筋混凝土管片则会增加一定的造价，但增加幅度不大。

参 考 文 献

[1] 刘赫凯. 钢纤维对高性能自密实混凝土构件弯/剪性能的影响[D]. 大连: 大连理工大学, 2012.

[2] 陈俊生, 莫海鸿, 梁仲元. 盾构隧道施工阶段管片局部开裂原因初探[J]. 岩石力学与工程学报, 2006, 25(5): 906-906.

[3] 韩士钊. 盾构隧道管片裂缝产生原因分析及处理措施[J]. 西部探矿工程, 2010, 22(3): 3.

[4] 姜敦灿. 盾构在推进时隧道管片产生裂缝、碎裂的原因及防治措施[J]. 隧道建设, 2009, 29(6): 5.

[5] 梁仲元, 陈俊生, 莫海鸿, 等. 广州地铁盾构施工阶段管片开裂原因初探[J]. 广东土木与建筑, 2004(3): 3.

[6] 彭飞, 田文杰. 盾构隧道管片开裂原因分析及应对措施[J]. 建筑技术, 2009, 40(11): 3.

[7] 齐锋, 都成. 地铁工程混凝土开裂原因及综合防治[J]. 工程建设与设计, 2006(4): 4.

[8] 徐军. 盾构管片开裂原因分析及应对措施[J]. 交通运输研究, 2009(13): 184-186.

[9] 张彦, 刘新. 盾构隧道管片破损、错台等原因分析及应对措施[J]. 黑龙江科技信息, 2009(36): 1.

[10] 钟长平. 广州地铁盾构隧道管片开裂原因分析[J]. 广东土木与建筑, 2000(4): 3.

[11] 竺维彬, 鞠世健. 盾构隧道管片开裂的原因及相应对策[J]. 现代隧道技术, 2003, 40(1): 5.

[12] MASHIMO H, ISAGO N, KITANI T, et al. Effect of fiber reinforced concrete on shrinkage crack of tunnel lining[J]. Tunnelling and Underground Space Technology. 2006, 21(3-4): 382-383.

[13] TOUSSAINT E, DeSTREBECQ J F, GREDIAC M. A detailed study of crack propagation in cement-based fibre composite beams under bending[J]. Cement and Concrete Composites. 2005, 27(3): 399-411.

[14] WEI S, JIANMING G, YUN Y. Study of the fatigue performance and damage mechanism of steel fiber reinforced concrete[J]. ACI materials Journal. 1996, 93(3): 206-212.

[15] ROMUALDI J P, BATSON G B. Behavior of reinforced concrete beams with closely spaced reinforcement[J]. Aci Structural Journal, 1963, 60(6): 775-789.

[16] ALWAN J M, NAAMAN A E, GUERRERO P. Effect of mechanical clamping on the pull-out response of hooked steel fibers embedded in cementitious matrices[J]. Materials & Structures, 1999, 1(3): 15-25.

[17] ROBINS P, AUSTIN S, JONES P. Pull-out behaviour of hooked steel fibres[J]. Materials and Structures, 2002, 35(251): 434-442.

[18] SUJIVORAKUL C, WAAS A M, NAAMAN A E. Pullout response of a smooth fiber with an end anchorage[J]. Journal of Engineering Mechanics, 2000, 126(9): 986-993.

[19] 董振英. 纤维混凝土细观机理及应用研究[D]. 北京: 清华大学, 2003.

[20] 杨萌. 钢纤维高强混凝土增强、增韧机理及基于韧性的设计方法研究[D]. 大连: 大连理工大学,

2006.

[21] LARANJEIRA F, MOLINS C, AGUADO A. Predicting the pullout response of inclined hooked steel fibers[J]. Cement and Concrete Research, 2010, 40(10): 1471-1487.

[22] CUNHA V. Steel fibre reinforced self-compacting concrete (from micromechanics to composite behavior)[D]. University of Minho, 2010.

[23] 牛建刚, 刘江森, 王佳雷. 聚丙烯粗纤维轻骨料混凝土梁的二次峰值荷载曲线[J]. 材料导报, 2018, 32(14): 6.

[24] 鞠杨, 贾玉丹, 刘红彬, 等. 活性粉末混凝土钢纤维增强增韧的细观机理[J]. 中国科学 (E 辑: 技术科学), 2007.

[25] 夏冬桃, 徐礼华, 池寅, 等. 混杂纤维增强高性能混凝土强度的试验[J]. 沈阳建筑大学学报 (自然科学版), 2007, 23(1): 5.

[26] 霍琳颖, 毕继红, 王照耀, 等. 单向受拉状态下钢纤维混凝土的二次峰值强度[J]. 水力发电学报, 2021, 40(2): 11.

[27] 严少华, 钱七虎, 孙伟, 等. 钢纤维高强混凝土单轴压缩下应力–应变关系[C]//钱七虎院士论文选集, 2007: 403-408.

[28] 张晓燕, 曹晨杰, 孙丽, 等. 钢纤维混凝土轴压应力–应变曲线试验研究[J]. 混凝土, 2013(5): 24-27.

[29] 焦楚杰, 孙伟, 周云. 钢纤维混凝土准静态单轴受压力学性能[J]. 重庆建筑大学学报, 2006(2): 56-58, 65.

[30] 刘永胜, 马芹永. 负温钢纤维混凝土单轴压缩试验与分析[J]. 低温建筑技术, 2006(01): 1-2.

[31] 唐海燕, 王春来, 李庶林. 喷射钢纤维混凝土单轴压缩韧性试验研究[C]//第六届全国 MTS 材料试验学术会议. 中国力学学会, 2004.

[32] 姜竹昌, 江飞飞, 等. MgO–钢纤维混凝土单轴受压应力–应变全曲线的试验研究[J]. 南京工业大学学报 (自然科学版), 2020, 42(06): 760-765.

[33] 倪亮. 钢纤维混凝土单轴受压性能及本构关系研究[D]. 武汉: 湖北工业大学, 2020.

[34] FANELLA D A, NAAMAN A E. Stress-strain properties of fiber reinforced mortar in compression[J]. Journal of the American Concrete Institute, 1985, 82(4): 475-483.

[35] MANSUR M A, CHIN M S, WEE T H. Stress-strain relationship of high-strength fiber concrete in compression[J]. Journal of Materials in Civil Engineering, 1999, 11(1): 21-28.

[36] ACI 544. 4R-18 Guide to design with fiber-reinforced concrete[S]. Farmington Hills: American Concrete Institute, 2018.

[37] CEB-FIP fib model code for concrete structures 2010[S]. Switzerland: International Federation for Structural Concrete, 2013.

[38] VANDEWALLE L, NEMEGEER D, BALAZS. et al. RILEM TC 162-TDF: Test and design methods for

steel fiber reinforced concrete: Design of steel fiber reinforced concrete using the s-w method: principles and applications[J]. Materials and Structures, 2002, 35: 262-278.

[39] Rilem T C. Test and design methods for steel fiber reinforced concrete. s-e-design method final recommendation[J]. Materials and Structures, 2003, 36: 560-567.

[40] Standard test method for flexural toughness of fiber reinforced concrete using centrally loaded round panel: ASTM C1550-19[S]. West Conshohocken: American Society for Testing and Materials, 2019.

[41] Standard test method for flexural performance of fiber-reinforced concrete (using beam with third-point loading): ASTM C1609[S]. West Conshohocken: American Society for Testing and Materials, 2008.

[42] Standard test method for obtaining average residual-strength of fiber-reinforced concrete: ASTM C1399[S]. West Conshohocken: American Society for Testing and Materials, 2015.

[43] Test method for metallic fibered concrete-measuring the flexural tensile strength [limit of proportionality (LOP), residual]: EN 14651: 2005[S]. Brussels: British Standards Institution, 2005.

[44] Method of test for fracture energy of concrete by use of notched beam: JCI-S-001—2003[S]. Tokyo: Japan Concrete Institute, 2003.

[45] 张廷毅, 李树山, 高丹盈. 钢纤维掺量对高强混凝土断裂性能的影响[J]. 混凝土, 2010(12): 87-89.

[46] 张井财, 薛启超, 何建. 钢纤维混凝土裂缝扩展的双 K 准则研究[J]. 混凝土, 2016(9): 5.

[47] 陈小锋, 胡铁明, 黄承逵. 钢纤维自应力混凝土加固梁抗弯疲劳性能试验研究[J]. 建筑结构, 2009(4): 4.

[48] 徐平, 郑满奎, 王超, 等. 考虑尺寸及纤维掺量影响的高强混凝土断裂能试验研究[J]. 硅酸盐通报, 2020, 39(11): 8.

[49] 高丹盈, 张廷毅. 三点弯曲下钢纤维高强混凝土的断裂性能[J]. 硅酸盐学报, 2007, 35(12): 6.

[50] 郭艳华, 李志业, 陈梁. 钢纤维混凝土带裂状态下抗弯承载力的计算方法[J]. 材料科学与工程学报, 2007(4): 6.

[51] 刘若愚, 王志杰. 无筋钢纤维混凝土压弯梁裂缝发展研究[J]. 建筑结构, 2020, 50(22): 6.

[52] LIM T Y, PARAMASIVAM P, LEE S L. Behavior of Reinforced Steel-Fiber-Concrete Beams in Flexure[J]. Journal of Structural Engineering, 1987, 113(12).

[53] BARROS J, FIGUEIRAS J A. Flexural behavior of SFRC: testing and modeling[J]. Journal of Materials in Civil Engineering, 1999, 11(4): 331-339.

[54] DING Y. Investigations into the relationship between deflection and crack mouth opening displacement of SFRC beam[J]. Construction & Building Materials, 2011, 25(5): 2432-2440.

[55] KANG S T, YUN L, PARK Y D, et al. Tensile fracture properties of an Ultra High Performance Fiber Reinforced Concrete (UHPFRC) with steel fiber[J]. Composite Structures, 2010, 92(1): 61-71.

[56] KÖKSAL F, ŞAHIN Y, GENCEL O, et al. Fracture energy-based optimisation of steel fibre reinforced concretes[J]. Engineering Fracture Mechanics, 2013, 107(7): 29-37.

[57] MENG G, WU B, XU S, et al. Modelling and experimental validation of flexural tensile properties of steel fiber reinforced concrete[J]. Construction and Building Materials, 2021, 273.

[58] 冯西桥, 余寿文. 准脆性材料细观损伤力学[M]. 北京: 高等教育出版社, 2002.

[59] LADEVÈZE P. On an anisotropic damage theory, failure criteria of structured media[C]//Proceedings of the CNRS International Colloquium. Villard-de-Lans, France, 1983.

[60] MAZARS J. Application de la mecanique de l'endom-mangement au comportement non lineaire et a la rupture du beton de structure[D]. Paris: Universite Paris, 1984.

[61] LEMAITRE J, CHABOCHE J L. A nonlinear model of creepfatigue damage cumulation and interaction [C]//Proceeding of TUTAM Symposium of Mechanics of Visco-elasticity Media and Bodies. Gotenbourg, Sweden: Springer-Verlag, 1974.

[62] KACHANOV L M. Time of the Rupture Process under Creep Conditions, Izy Akad[J]. Nank S. S. R. Otd Tech Nauk, 1958, 8.

[63] MAZARS J. A description of micro- and macroscale damage of concrete structures[J]. Engineering Fracture Mechanics, 1986, 25(5-6): 729-737.

[64] COMI C, BERTHAUD Y, BILLARDON R. On localization in ductile-brittle materials under compressive loadings[J]. European Journal of Mechanics - A/Solids, 1995, 14(1): 19-43.

[65] COMI C, PEREGO U. Fracture energy based bi-dissipative damage model for concrete[J]. International Journal of Solids & Structures, 2001, 38(36): 6427-6454.

[66] JU J W. On energy-based coupled elastoplastic damage theories: Constitutive modeling and computational aspects[J]. International Journal of Solids and Structures, 1989, 25(7): 803-833.

[67] LEE J, FENVES G L. A plastic-damage concrete model for earthquake analysis of dams[J]. Earthquake Engineering & Structural Dynamics, 1998, 27(9).

[68] 吴建营. 基于损伤能释放率的混凝土弹塑性损伤本构模型及其在结构非线性分析中的应用[D]. 上海: 同济大学, 2004.

[69] SIMO J C, JU J W. Strain and stress-based continuum damage models—II. Computational aspects[J]. International Journal of Solids & Structures, 1989, 23(7): 841-869.

[70] RESENDE L. A Damage mechanics constitutive theory for the inelastic behaviour of concrete[J]. Computer Methods in Applied Mechanics and Engineering, 1987, 60(1): 57-93.

[71] FARIA R, CERVERA M, OLIVER J. A strain-based plastic viscous-damage model for massive concrete structures[J]. International Journal of Solids and Structures, 1998(14): 35.

[72] WANG Z, JIN X, JIN N, et al. Damage based constitutive model for predicting the performance degradation of concrete[J]. Latin American Journal of Solids and Structures, 2014, 11(6): 907-924.

[73] ABU AL-RUB R K, VOYIADJIS G Z. On the coupling of anisotropic damage and plasticity models for ductile materials[J]. International Journal of Solids and Structures, 2003, 40(11): 2611-2643.

[74] CICEKLI U, VOYIADJIS G Z, ABU AL-RUB R K. A plasticity and anisotropic damage model for plain concrete[J]. International Journal of Plasticity, 2007, 23(10/11): 1874-1900.

[75] ABU AL-RUB R K, KIM S M. Computational applications of a coupled plasticity-damage constitutive model for simulating plain concrete fracture[J]. Engineering Fracture Mechanics, 2010, 77(10): 1577-1603.

[76] LIU J, LIN G, ZHONG H. An elastoplastic damage constitutive model for concrete[J]. China Ocean Engineering, 2013, 27(2): 169-182.

[77] MADKOUR H. Thermodynamic modeling of the elastoplastic-damage model for concrete[J]. Journal of Engineering Mechanics, 2021, 147(4): 04021011.

[78] LIANG L, HONG W W, JUN W, et al. A thermo-mechanical coupling constitutive model of concrete including elastoplastic damage[J]. Applied Sciences, 2021, 11(2): 11020604.

[79] AHMED B, VOYIADJIS G Z, PARK T. Damaged plasticity model for concrete using scalar damage variables with a novel stress decomposition[J]. International Journal of Solids and Structures, 2020, 191/192: 56-75.

[80] 曹鹏, 冯德成, 沈新普, 等. 基于ABAQUS平台的塑性损伤子程序开发及其稳定性研究[J]. 工程力学, 2012, 29(Suppl 2): 101-106.

[81] LONG Y C, YU C T. Numerical simulation of the damage behavior of a concrete beam with an anisotropic damage model[J]. Strength of Materials, 2018, 50(5): 735-742.

[82] ABEDULGADER B, MARIO A, ROSTISLAV C. Microplane fatigue model MSI for plain concrete under compression with damage evolution driven by cumulative inelastic shear strain[J]. International Journal of Plasticity, 2021, 143: 102950.

[83] CHRISTIAN D, STEPHAN W. A gradient-extended large-strain anisotropic damage model with crack orientation director[J]. Computer Methods in Applied Mechanics and Engineering, 2021, 387: 114123.

[84] JANI V, REIJO K, JUHA H, et al. Anisotropic damage model for concrete and other quasi-brittle materials[J]. International Journal of Solids and Structures, 2021, 225: 111048.

[85] WU J Y. A unified phase-field theory for the mechanics of damage and quasi-brittle failure[J]. Journal of the Mechanics and Physics of Solids, 2017, 103: 72-99.

[86] WU J Y, NGUYEN V P. A length scale insensitive phase-field damage model for brittle fracture[J]. Journal of the Mechanics and Physics of Solids, 2018, 119: 20-42.

[87] WU J Y, NGUYEN V P, Zhou H, et al. A variationally consistent phase-field anisotropic damage model for fracture[J]. Computer Methods in Applied Mechanics and Engineering, 2020, 358: 112629.

[88] 吴建营. 固体结构损伤破坏统一相场理论、算法和应用[J]. 力学学报, 2021, 53(2): 301-329.

[89] GRASSL P, XENOS D, Nystrom U, et al. CDPM2: A damage-plasticity approach to modelling the failure of concrete[J]. International Journal of Solids and Structures, 2013, 50(24): 3805-3816.

[90] KiTZIG M, HAUBLER-COMBE U. Modeling of plain concrete structures based on an anisotropic

damage formulation[J]. Materials and Structures, 2011, 44(10): 1837-1853.

[91] MURAKAMI S. Continuum damage mechanics: a continuum mechanics approach to the analysis of damage and fracture[M]. Berlin: Springer, 2012.

[92] DU R Q, ZHANG Q, CHEN S H, et al. Safety evaluation of Dagangshan arch dam resisting strong earthquakes with a rate-dependency anisotropic damage model[J]. Science China Technological Sciences, 2011, 54(3): 531-540.

[93] JIAO Y T, WANG B, SHEN Z Z. A new 3D empirical plastic and damage model for simulating the failure of concrete structure[J]. International Journal of Concrete Structures and Materials, 2019, 13(7): 1-18.

[94] 曹胜涛, 李志山. 约束混凝土单轴弹塑性损伤本构模型[J]. 工程力学, 2017, 34(11): 116-125.

[95] 于海祥, 武建华. 基于无损受力状态的混凝土弹塑性损伤本构模型[J]. 工程力学, 2009, 26(10): 79-86.

[96] 许梦飞, 姜谙男, 史洪涛, 等. 基于 Hoek-Brown 准则的岩体弹塑性损伤模型及其应力回映算法研究[J]. 工程力学, 2020, 37(1): 195-206.

[97] FRANCISCO E, ARAUJO M J F. A novel continuum damage model to simulate quasi-brittle failure in mode I and mixed-mode conditions using a continuous or a continuous-discontinuous strategy[J]. Theoretical and Applied Fracture Mechanics, 2020, 109: 102745.

[98] BIN S, ZHAO D X. A minimum Lemaitre's damage strain energy release rate-based model for competitive fracture process simulation of quasi-brittle materials[J]. Theoreti-cal and Applied Fracture Mechanics, 2020, 109: 102705.

[99] JIRASEK M, ZIMMERMANN T. Rotating crack model with transition to scalar damage[J]. Journal of Engineering Mechanics, 1998, 124(3): 277-284.

[100] LI F M, LI Z J. Continuum damage mechanics based modeling of fiber reinforced concrete in tension[J]. International Journal of Solids and Structures, 2001, 38(5): 777-793.

[101] MIHAI I C, JEFFERSON A D, LYONS P. A plastic-damage constitutive model for the finite element analysis of fibre reinforced concrete[J]. Engineering Fracture Mechanics, 2016, 159: 3562.

[102] CHI Y, XU L H, YU H S. Constitutive modeling of steel-polypropylene hybrid fiber reinforced concrete using a non-associated plasticity and its numerical implementation[J]. Composite Structures, 2014, 111: 497-509.

[103] CHI Y, YU M, HUANG L, et al. Finite element modeling of steel-polypropylene hybrid fiber reinforced concrete using modified concrete damaged plasticity[J]. Engineering Structures, 2017, 148: 23-35.

[104] LUBLINER J, OLIVER J, OLLER S, et al. A plastic-damage model for concrete[J]. International Journal of Solids and Structures, 1989, 25(3): 299326.

[105] 宋玉普, 赵国藩, 彭放, 等. 钢纤维混凝土内时损伤本构模型[J]. 水利学报, 1995(6): 1-7.

[106] 宁喜亮, 丁一宁. 钢纤维对混凝土单轴受压损伤本构模型的影响[J]. 建筑材料学报, 2015, 18(2):

214-220.

[107] 刘丰军, 朱合华, 廖少明, 等. 纤维混凝土在盾构隧道衬砌管片中的应用研究[J]. 地下空间与工程学报, 2007, 3(1): 5.

[108] 宁博. 混杂纤维混凝土试验研究及其在地铁盾构管片中的应用[D]. 广州: 暨南大学, 2012.

[109] 王帅帅, 高波, 李志业, 等. 钢筋钢纤维混凝土预制管片承载力计算理论研究[C]//绿色生态隧道建设与管理论坛暨中国土木工程学会隧道及地下工程分会建设管理与青年工作者专委会年会. 中国土木工程学会, 2015.

[110] 王乐明, 徐坤. 钢纤维混凝土隧道衬砌力学行为模型试验研究[J]. 中国勘察设计, 2012(09): 82-85.

[111] 邓纪飞. 钢纤维混凝土性能试验研究及在地铁盾构管片中的应用[D]. 兰州: 兰州交通大学, 2019.

[112] 张帆. 钢纤维混凝土预制管片结构设计及试验研究[D]. 太原: 太原理工大学, 2020.

[113] 蒲奥. 纤维混凝土管片设计研究及工程应用[D]. 成都: 西南交通大学, 2007.

[114] 李昭. 钢纤维混凝土的力学性能及其在地铁工程中的应用研究[D]. 成都: 西南交通大学, 2017.

[115] 倪坤, 石云兴, 刘新伟, 等. 超高性能纤维混凝土管片的抗弯性能[C]//中国硅酸盐学会混凝土与水泥制品分会第九届理事会成立大会暨第十一届全国高性能混凝土学术研讨会论文集. 2015.

[116] 闫治国, 朱合华, 廖少明, 等. 地铁隧道钢纤维混凝土管片力学性能研究[J]. 岩石力学与工程学报, 2006.

[117] 龚琛杰, 丁文其. 盾构隧道钢纤维混凝土管片接头极限承载力试验[J]. 中国公路学报, 2017, 30(8): 9.

[118] 徐海岩, 王志杰, 周平, 等. 钢筋钢纤维混凝土衬砌管片偏心受压模型试验研究[J]. 建筑结构学报, 2018(S2): 9.

[119] 王志杰, 徐海岩, 李志业, 等. 钢纤维混凝土裂缝宽度影响系数试验探究[J]. 铁道工程学报, 2019, 36(7): 6.

[120] 莫海鸿, 陈俊生, 梁松, 等. 钢纤维掺入对混凝土管片局部力学性能的改善[J]. 华南理工大学学报 (自然科学版), 2007(7): 116-121.

[121] 郑爱元, 徐斌, 陈湘生. 海相地层地铁盾构隧道钢纤维混凝土管片材料性能试验研究[J]. 现代隧道技术, 2019, 56(5): 7.

[122] 唐伟, 冯天炜. 钢纤维对盾构管片受力主筋用量的影响研究[J]. 铁道标准设计, 2016, 60(5): 6.

[123] RABOTNOV Y N. Creep rupture[J]. Springer Berlin Heidelberg, 1969.

[124] LEMAITRE J. Evaluation of dissipation and damage in metals submitted to dynamic loading[C]//Proceeding of ICAM-1, Japan, 1971.

[125] SIMO J C, JU J W. Strain- and stress-based continuum damage models—I. Formulation[J]. Mathematical and Computer Modelling, 1989, 23: 495-521.

[126] HANSEN N R, SCHREYER H L. A thermodynamically consistent framework for theories of elastoplasticity coupled with damage[J]. International Journal of Solids & Structures, 1994, 31(3): 359-389.

[127] KRAJCINOVIC D. Damage mechanics[J]. Mechanics of Materials, 1989.

[128] VOYIADJIS G Z, ABU-LEBDEH T M. Plasticity model for concrete using the bounding surface concept[J]. International Journal of Plasticity, 1994, 10(1): 1-21.

[129] 邓宗才, 钱在兹. 钢纤维混凝土的弹塑性损伤模型[J]. 力学与实践, 2000, 22(4): 4.

[130] 刘永胜, 王肖钧, 马芹永. 负温钢纤维混凝土受压损伤过程的实验研究[J]. 实验力学, 2006, 21(3): 6.

[131] 刘永胜, 王肖钧, 金挺, 等. 钢纤维混凝土力学性能和本构关系研究[J]. 中国科学技术大学学报, 2007, 37(7): 7.

[132] 李长宁. 一维应力状态下钢纤维混凝土损伤行为研究[D]. 武汉: 武汉大学, 2018.

[133] GOLPASAND G B, FARZAM M, SHISHVAN S S. Behavior of recycled steel fiber reinforced concrete under uniaxial cyclic compression and biaxial tests[J]. Construction and Building Materials, 2020, 263: 120664.

[134] 徐礼华, 李长宁, 李彪, 等. 循环受压状态下钢纤维混凝土一维弹塑性损伤本构模型研究[J]. 土木工程学报, 2018, 51(11): 11.

[135] 丁一宁, 刘亚军, 刘思国, 等. 钢纤维自密实混凝土梁抗剪性能的试验研究[J]. 水利学报, 2011, 42(4).

[136] WILLIAM K J. WARNKE E P. Constitutive model for the triaxial behaviour of concrete (paper III-l)[C]. Seminar on Concrete Structures Subjected to Triaxial Stresses, Int. Association of Bridge and Structural Engineering, Zurich, Switzerland, 1974.

[137] CHI Y, Xu L, YU H S. Plasticity Model for Hybrid Fiber-Reinforced Concrete under True Triaxial Compression[J]. Journal of Engineering Mechanics, 2014, 140(2): 393-405.

[138] 韩嵘, 赵顺波, 曲福来. 钢纤维混凝土抗拉性能试验研究[J]. 土木工程学报, 2006, 39(11): 5.

[139] 丁力栋, 丁晓唐, 袁存, 等. 混凝土断裂能的统计模型和标准值研究[J]. 河北工程大学学报（自然科学版), 2017, 34(4): 5.

[140] 中华人民共和国住房和城乡建设部. 钢纤维混凝土结构设计标准: JGJ/T 465—2019[S]. 北京: 中国建筑工业出版社, 2019.

[141] BETONBAU. Fib model code for concrete structures 2010[S]. Ernst & Sohn, 2013.

[142] 丁一宁. 钢纤维混凝土的抗弯性能及其计算模型[J]. 材料科学与工程, 2000.

[143] 赵顺波, 孙晓燕, 李长永, 等. 高强钢纤维混凝土弯曲韧性试验研究[J]. 建筑材料学报, 2003, 6(1): 5.

[144] 刘春阳, 高英棋, 顾一凡, 等. 钢纤维大粒径再生粗骨料混凝土梁受弯性能试验研究[J]. 建筑结构, 2021, 51(21): 68-72.

[145] 李英娜, 张井财, 张春巍, 等. 钢纤维混凝土的弯曲性能试验研究[J]. 混凝土, 2018(8): 5.

[146] 岳健广, 夏月飞, 方华. 钢纤维混凝土断裂破坏机理及受拉损伤本构试验研究[J]. 土木工程学报, 2021, 54(2): 93-106.

[147] AHMADI R, GHODDOUSI P, SHARIFI M, et al. A precise solution for prediction of fiber-reinforced concrete behavior under flexure[J]. Journal of Zhejiang University-SCIENCE A, 2011, 12(7): 495-502.

[148] GAO D, DING C, PANG Y, et al. Diverse angle-length-width model for 3D/4D/5D steel fiber reinforced concrete under tension[J]. Construction and Building Materials, 2021, 266: 121149.

[149] BAKHSHI M, BARSBY C, MOBASHER B. Comparative evaluation of early age toughness parameters in fiber reinforced concrete[J]. Materials and Structures, 2014, 47: 853-872.

[150] 张俊, 陈红鸟, 王德强. 基于 DIC 技术的混凝土往复荷载下断裂力学特性研究[J]. 应用力学学报, 2021, 38(04): 1636-1643.

[151] 杨晓华, 罗滔, 刘晓剑, 等. 初始缝高比对钢纤维混凝土断裂性能的影响[J]. 硅酸盐通报, 2022, 41(10): 3465-3474.

[152] LI S T, FAN X Q, CHEN X D, et al. Development of fracture process zone in full-graded dam concrete under three-point bending by DIC and acoustic emission[J]. Engineering Fracture Mechanics, 2020, 230: 106972.

[153] DAI S H, LIU X L, NAWNIT K. Experimental study on the fracture process zone characteristics in concrete utilizing DIC and AE methods[J]. Applied Sciences, 2019, 9(7): 1346.

[154] SKARŻYŃSKI Ł, TEJCHMAN J. Experimental investigations of fracture process using DIC in plain and reinforced concrete beams under bending[J]. Strain, 2013, 49(6): 521-543.

[155] 焦楚杰, 彭春元, 杨作用, 等. 钢纤维高强混凝土抗弯试验研究[J]. 建筑结构, 2009(1): 3.

[156] ABDALLAH S, REES D W A, GHAFFAR S H, et al. Understanding the effects of hooked-end steel fibre geometry on the uniaxial tensile behaviour of self-compacting concrete[J]. Construction and Building Materials, 2018, 178: 484-494.

[157] DING Y N, YAN Y C. Experimental investigation on uniaxial tensile properties of steel fiber reinforced concrete[J]. Applied Mechanics and Materials, 2011, 94-96: 731-735.